Magic Flute of Wealth

财富魔笛

胡玉琦◎著

全国百佳出版社
中央编译出版社
Central Compilation & Translation Press

图书在版编目（CIP）数据

财富魔笛／胡玉琦著. —北京：中央编译出版社，2011.4

ISBN 978-7-5117-0817-5

Ⅰ.①财… Ⅱ.①胡… Ⅲ.①投资-基本知识②财务管理-基本知识 Ⅳ.①F830.59②TS976.15

中国版本图书馆 CIP 数据核字（2011）第 046753 号

财富魔笛

出 版 人：和　龑
著　　者：胡玉琦
责任编辑：曲建文
出版发行：中央编译出版社
地　　址：北京西单西斜街 36 号　邮编：100032
电　　话：010-66509360（总编室）　010-66509353（编辑室）
　　　　　010-66509364（发行部）　010-66509618（读者服务部）
网　　址：www.cctpbook.com
经　　销：全国新华书店
印　　刷：北京振兴源印务有限公司
开　　本：710 毫米×1000 毫米　1/16
字　　数：172 千字
印　　张：17.25
版　　次：2011 年 7 月第 1 版第 1 次印刷
定　　价：35.00 元

本社常年法律顾问：北京大成律师事务所首席顾问律师　鲁哈达
凡有印装质量问题，本社负责调换，电话：010-66509618

·序·

旅美作家　李硕儒

两年前，胡玉琦的小说《心债》曾以其缱绻的笔触、触手可及的人物、大起大落的故事，写尽商海的诡异、财富聚散的无常……读得人心生疼痛，总觉得世间沧桑缕缕，欲补无力。

如今，她的又一部力作《财富魔笛》即将问世。从书名即可看出，这不是一部文学作品，而是一部充满理念和哲思的著作。长于形象思维的小说作家何以能写出逻辑严密、以理性推衍财富规律的作品？我懵住了！读过全书才明白，其实这还是作者《心债》情结的延展，只不过是从形象思维超拔到理性思维的结果或结晶。再细咀嚼，又觉不是，因为书中扑面而来的是自人类与财富结缘后，中外古今人与财富的典籍、典故以及他们间的种种爱恨情仇。不是夸张，只要看看书中小标题就可了然。如第一章中的"千古魔咒：富不过三代"、"孟子的魔咒"、"马克思的魔咒"、"托夫勒的魔咒"、"福布斯的魔咒"……既称魔咒，它带来的的几乎大体都是恶与无形。然而，财富是可贵也是没有属性的，孰善孰恶？完全取决于财富持有者的智慧和心性。于是，作者以范蠡、司马光、曾国藩、李嘉诚、比尔·盖茨、巴菲特、洛克菲勒，特别是美、英、日、犹太等巨富们的钱财观、遗世法等，提出"财富伦理的灵魂是如何做人"、"财富传承是理性的抉择"、"财富永续的奥秘是文化和精神"……以前辈富人们丰盈鲜活的理念情愫和作为告诉人们，有钱更要有智慧和修持，怀着悲悯之心善对天下，怀着忐忑之心教育后人。这些事做好了，财富就可抑恶扬善，就可代代延续，就可"吹响财富帝国的魔笛"！

读着胡玉琦的《财富魔笛》，常常不由地想起前苏联巴乌斯托夫斯基的《金蔷薇》，虽然后者谈的是文学，前者谈的是财富伦理和财富理念，但其学问的渊博、视角的奇巧、理念的深邃别致、意绪的绵密超然、语言的优美精致，有着异曲同工之妙。

特别是今日中国，几乎一觉醒来，亿万富翁们就一个个一层层地起于青萍之末，乍富还贫，面对大堆的金钱，面对尚未脱贫的民族和人群，还有继之而来的富二代、官二代、贫二代们，《财富魔笛》更显其可读性、现实性和生命力。

目录
CONTENTS

引　子 / 1

第一章　财富有魔咒：这是个世界性的幽灵 / 1

> 古人说："道德传家，十代以上；耕读传家次之，诗书传家又次之；富贵传家，不过三代。"古今中外大量家族兴衰史表明，财富大多以喜剧开始，而以悲剧结束。因此，"富不过三代"便成了一道财富魔咒。这道魔咒所折射的财富现象，虽然诡异无常，但只要能打破人性的魔咒和解密财富的本质，你就能自如地应对这个世界性的难题，财富也就在你的把握之中。
>
> ——启示录

1. 千古魔咒：富不过三代 / 2
2. 孟子的魔咒：君子之泽，五世而斩 / 5
3. 马克思的魔咒：资本的原始积累都是血淋淋的 / 8
4. 托夫勒的魔咒：未来财富的不确定性 / 12

5. 福布斯的魔咒：上了它的名单，你会死得很难看 / 15
6. 胡润的魔咒：富不过当代 / 18
7. 人性的魔咒：欲望、自私和炫耀之谜 / 22

第二章　财富崇灵魂：如何做人是最大的道理 / 29

在富可敌国的洛克菲勒晚年的时候，他身边的一个幕僚对他说：你散掉财富的速度应该与你集聚财富的速度相同，甚至更快，否则会贻害你的后人。这话听起来好像有悖常理，但中国古训"黄金满籯，不如遗子一经"很好地给它作了注释。这两种迥然不同的中西方文化背景下产生出来的财富观，却有着高度一致的概括：财富是有伦理道德的，它的灵魂是如何去做人。

——启示录

1. 黄金满籯，不如遗子一经 / 30
2. 司马光的《训俭示康》/ 35
3. 曾国藩的《家书》/ 41
4. 德国人让孩子做完整的人 / 49
5. 英国人从小注重训练绅士 / 54
6. 美国人重视打造孩子的人生计划 / 60
7. 犹太人对孩子进行理性教育 / 64
8. 比尔·盖茨：再富不能富孩子 / 72
9. 洛克菲勒家族的"零花钱家训" / 81

第三章　财富重道义：钱财深处流的是道德血液 / 91

美国钢铁大王卡耐基的临终之言"在巨富中死去是一种耻辱"，

得到了许多美国富豪的认同,并正在逐渐影响着全球富人的财富观念。因此,在富二代的成长过程中,应该让他们明白:在拥有财富的同时,也意味着拥有一种社会责任。

——启示录

1. 财富是有人格的 / 92
2. 财富并不等同于金钱 / 99
3. 富人只是上帝财富的看管者 / 108
4. 追求财富是一种道德 / 114
5. 聚与散的财富哲学 / 122
6. 在巨富中死去是一种耻辱 / 128
7. 美国富人的老钱精神 / 132
8. 做一个成熟的富人 / 137

第四章 财富厚理性:辅佐和制度是两个前驱的轮子 / 145

世界各国的财富继承方式虽然各有千秋,但都日趋理性。如果我们能将美国人的"每一代人都应承担起创造自身财富的责任"这种做法借鉴过来,就可以让富二代确切地明白:财富接力棒,传递的不仅仅是财富和权利,更重要、更长远的是义务、精神和责任。

——启示录

1. 中国人"子承父业"的世袭观念 / 146
2. 日本人的"女婿养子"制度 / 152
3. 美国人的"继承人辅导队" / 156
4. 欧洲人的老臣辅佐和家族会议 / 163
5. 用股权这根魔杖去荫及子孙 / 171
6. 借信托之道让财富走得更远 / 176

第五章　财富藏基因：担当老钱的是文化和责任 / 181

　　如何由富及贵是富人们关注的焦点问题，香港富豪李嘉诚曾坦言，衡量财富的准则，在于"内心的富贵"。他认为，真正的富贵是要懂得用自己得来的金钱，对社会尽一点义务和责任。在美国能有如此之多的洛克菲勒、卡耐基、盖茨、巴菲特等，关键原因是他们有一种祖先的道义传承。因此，让富二代有道德地成长，是帮助他们由富及贵的必经之路。

——启示录

1. 让富二代有道德地成长 / 182
2. 财富的延续在金钱之外 / 188
3. 布登布洛克式动力的启示 / 193
4. 怀着感激和敬畏之心对待财富 / 198
5. 真正的财富是内心富贵 / 203
6. 财富是留不住的 / 209

第六章　财富多磨砺：穷养和训练是最好的试金石 / 213

　　华尔街人有一个成功的育子哲学，即最大限度地推迟孩子欲望的满足。因为财富是有基因性格的，只有不断地激活它，磨炼它，才能保持其旺盛的生命力。所以，穷养、历练和尽量推迟孩子欲望的满足，是将他们培养成为财富种子的最好办法。

——启示录

1. 帮助孩子做一个"零花钱"的理财计划 / 214
2. 参加"省钱夏令营" / 218
3. 建立一个"道德银行" / 220
4. 对孩子进行"苦难教育" / 223
5. 一切从最底层奋斗起 / 226
6. 让孩子成为财富的种子 / 227
7. 走出"幸运精子俱乐部" / 229

第七章 财富得魔笛：永远属于能吹响它的人 / 231

> 财富魔笛的音调很简单，只有三个音符：创造，继承，毁灭。这三个音符虽然相连，却分别属于三代人。魔笛的第一个音符是艰涩的，第二个音符是悠美的，第三个音符则是断裂的。如何使这三个音符组成一篇华美的乐章，这是财富人需要掌握的一门艺术。所以，要使家族财富永续下去的最佳选择就是：让后人成为财富的种子。
>
> ——启示录

1. 到最需要你的地方去做义工 / 232
2. 说服一个老板接受你的方案 / 236
3. 做一件事让更多的人追随你 / 241
4. 建立一个财富魔笛俱乐部 / 244
5. 去推销一个有慈善力的魔笛产品 / 247
6. 每个人都能建立你的财富帝国 / 252

引子
INTRODUCTION

　　17世纪的欧洲探险家们没有征服整个世界，却在澳大利亚一条风景如画的小河边发现了一群悠然嬉戏的黑天鹅。这一发现，彻底崩溃了欧洲人的白天鹅信念。于是人们便把黑天鹅的存在代表不可预测的重大稀有事件，意料之外却又魔力无边。

　　公元2008年8月的某一天，谁也没有留意黑天鹅是否扇动了翅膀，华尔街似乎一夜之间就被金融海啸袭击得气喘吁吁。中国在这次金融危机中虽然没有受到硬伤，但经济危机造成的恐慌，还是侵蚀着各行各业。

　　我退出商界潜心写作，倒不是被海啸呛得躲进高楼，只是想趁经济危机之时，探究一下财富魔咒的密码。

　　闭门写作的时候，总喜欢把QQ也挂上，尽管隐身，还是觉得有很多朋友陪在身边。那种默默相伴或偶尔留下的信息，让我即使是在深居简出的日子，也不曾感到孤独。

或许，我的网名"呐喊"带了点辛辣味，经常会有些陌生人要加我。一日，陌生人里跳出一个网名叫"魔笛"的头像。

魔笛：呐喊，你为谁呐喊？

呐喊：为大地呐喊！为苍穹呐喊！

魔笛：呵呵！那除了意气，还得有副金嗓子。

我似乎感觉他笑了，笑得我有点森然。

呐喊：你是谁？你为什么叫魔笛？

魔笛：我是魔笛的忠实使者，我希望以魔笛领舞人类，让世界变得和谐。

呐喊：啊哈！你的志向比我远大，你现在哪里？

魔笛：我正在寻找能够真正吹响魔笛的人，最近看了你在报刊上发表的文章以及你的博客，知道你比较关注中国的"二代"们，特别是"富二代"这个特殊的阶层，更是需要好好地去引导。

我独自轻笑了几声，调侃他。

呐喊：听你的口气，好像视中国教育为己任了。

魔笛：本来嘛，对后代的教育就应该是匹夫有责！

他随即给我发来一个场景音乐，我正写得有点累，就打开麦听了起来，这叫什么音乐？分明是怪兽在嘶叫！我立刻把它关了。

魔笛：为什么不听听这魔笛的声音？

呐喊：魔笛？这喧杂、焦躁、狂乱的声音就是魔笛之音？

魔笛：是的！它喧杂、焦躁、狂乱，是因为混杂了各个层面群体的声音，这就是当下的世界。

呐喊：真奇妙！我似乎听到了底层民众的嘶喊，富人们的呼啸……他们正围绕着财富在狂燥地喧嚣……

魔笛：看来，你与魔笛有些缘份。如果你能听懂这声音，它就会指引你解开正在苦苦探索的财富魔咒。

呐喊：它有这么神奇？

魔笛：当然！按照民俗，每年农历的正月初五大家都会隆重地迎接财神，生财有道的范蠡就是民间敬奉迎接的文财神之一。

呐喊：财神与魔笛又有什么关系？

魔笛：这就要从文财神范蠡讲起，你先加我吧！

带着一种似信非信、以及梦幻般的神秘，我把魔笛加为了好友。

于是，他便给我讲了这管神奇魔笛的故事：春秋末期，范蠡帮助勾践复兴了越国，这虽然实现了他的政治抱负，却因此失去了心爱的女人西施。"吴王亡身余杭山，越王摆宴姑苏台。"在举国欢庆之时，范蠡却悄然激流勇退，离开越国。后世人为了完美范蠡和西施这段才子佳人的神话，幻化着他们双双携手泛舟五湖，陶然于他们的爱情世界。其实，越灭吴后，西施便做了扬子江的美人鱼，一代佳人被残酷地充当完政客们的棋子后，也就香消玉殒了。内心极度疼痛孤独的才子，终日不离的只有当年曾让西施藏刀刺杀吴王夫差的那管竹笛。从此，精通韵律、酷爱管乐的范蠡每当睹物思人之时，就吹奏着它来寄托对西施的绵绵思念。

权利、财富和女人，自古就是男人们狂热追求的永恒主题。丢弃了权利和女人的范蠡，唯有把剩下的精力全部集中在财富的追逐上。

当他带着全家老少辗转来到齐国时，银两已经所剩无几。为了生存，他只好在海边结庐而居，带领儿子戮力垦荒耕作。辛苦劳作之余，他便静立礁石之上，思考着怎样赚钱。虽然他能治国，会弄丝竹，但对经商却是隔行如隔山。一个思绪纷繁的星夜，他吹奏了无数支曲子，直到星星们都听得伤感四散了，他还是欲罢不能。腰酸了，腿软了，他便盘腿坐在礁石上，继续吹奏。海水也仿佛被他感动了，起舞着为他伴奏。最后，他的嘴唇吹得麻木了，心中的佳人也吹得模糊了，他便疲倦地倒在礁石上，抱着竹笛沉沉地睡去。第二天醒来时，烈日已把他全身都炙烤得硬梆梆的，用手一摸，一身的白霜，甚至连竹笛都银霜素裹了。他伸出舌头舔了舔，竟是一股熟悉的咸涩味。顿时，心中冒出了一种灵感：是盐！原来用海水晒盐这么容易！

要知道，那个年代，盐可是百姓人家的稀缺之物。他立即付诸行动，没花多少年，就积累了数千家产。

此后，每每弄笛，他都感觉到笛声的韵律中会涌出阵阵思潮，这思潮牵引着他萌发出各种有关财富的灵感。最让他豁然开悟的是：原来财富也是依着内在的韵律流动的，它就像水，聚散有时才能畅流不衰，积聚得太久就会滞塞变质直至腐臭崩溃。于是，每当财富积累到一定的时候他就施善乡梓、济民救灾。后来连旁人都能听出当他努力创造财富时，他的笛声是低缓沉实的，只要笛声高昂激越起来，他便开始了散财施善之举。

他三聚三散的胆量与从容，绝不是来自虚无缥缈的自我精神施放，而是出自对自己思维指导方式的自信，他的这种思维指导方式充分地体现在根据他的竹笛韵律编写的《计然篇》里。而《陶朱公理财十二则》就像掌管财富大门的钥匙一样，教会了人们怎样施行财富聚散。

他的故事和神韵一代一代流传着，后人们便把陶朱公塑造成了民间敬奉的财神。

呐喊：原来如此！这魔笛还真是来历不浅。只是我不明白，范蠡既然这么会经商，能够像神一样掌控财富，又有笛声的牵引，他的后人理应富甲一方，卓然为圣，可如今怎么踪影全无、消弥人间？

魔笛：这很好解释，范蠡虽然是春秋时期的政治家、军事家、也是中国历史上著名的三大商人之一，但他却不是一个教育家。他把所有的精力都集中在实现自己的人生价值上，为此，他可以牺牲自己最心爱的女人，更无暇顾及子女的教育。他的大儿子因为小时候经受过贫穷，成了守财奴，以这样的胸襟和资质是成不了大业的。而二儿子和小儿子是在蜜罐中长大的，拿今天的话来说，是典型的"富二代"。二儿子在楚国杀了人被楚王处死，小儿子整天与一帮富家子弟厮混。他的后代最后的结果也就可想而知了。

呐喊：那他的竹笛传给了谁？

魔笛接着讲了下去：因为儿子们让他失望，临终前，他把那管竹笛托付给了当时的一位叫管生的制笛高人，并希望他解出笛声的奥秘。这位管生比范蠡还精通音律，尤其擅长竹笛。经过他的精心制作，范蠡的竹笛竟然能发出魔幻般的曲音，管生就把它取名为"魔笛"。只是，这支魔笛不是任何人都能够吹出曲调来的，为了破解这个魔笛之谜，不知有多少人费尽了心机，但也终无收获。年深日久，魔笛也就逐渐被人淡忘了。

呐喊：你是怎么知道这些的？

魔笛：从大量先祖遗留下来的资料中，我挖掘到很多有趣的东西。

呐喊：我觉得你说的有点悬，而且感觉不真实。一管竹笛怎么会这么神呢？

魔笛：如果你通晓音乐，你就会明白，有些音波可以由声波的震动频率来诱发大脑的脑波产生同化现象的。比如 α 波它就能控制人的情绪、θ 波能使人处于清醒和梦幻之间，而 β 波却能令人紧张和兴奋……巧妙地使用这些音波就可以让人进入一种幻觉状态。

呐喊：我相信音乐有这个魔力，因为我粗略地研究过毒品音乐，它大部分都是由这几个音波组合的，它能将人带入一种接近潜意识游荡的"出神"状态。可我不明白，它与财富怎么会有那么密切的联系？

魔笛：是的，这就需要你用心去倾听，去感觉了。你曾从事过多年的教育，又在商海中沉浮过，对财富的理解应该更理性、更超脱。

呐喊：哦，我知道您是谁了！我也看过您的文章，您对中国的经济趋势和发展论述得非常透彻，那些独特的见解对我启发很大。

魔笛：我是谁并不重要，希望我们能合力让"二代"们把魔笛吹响。

我心中突地一动，"财富魔笛"这不正好是我要寻找的吗？用它独特的旋律，来引领着富二代们跨过财富传承的七道坎，岂不是会让他们更顺利地成为真正的财富人？

第一章　财富有魔咒：这是个世界性的幽灵

古人说："道德传家，十代以上；耕读传家次之，诗书传家又次之；富贵传家，不过三代。"古今中外大量家族兴衰史表明，财富大多以喜剧开始，而以悲剧结束。因此，"富不过三代"便成了一道财富魔咒。这道魔咒所折射的财富现象，虽然诡异无常，但只要能打破人性的魔咒和解密财富的本质，你就能自如地应对这个世界性的难题，财富也就在你的把握之中。

——启示录

1. 千古魔咒：富不过三代

财富有两重门，一扇是获取财富的前门，另一扇是延续财富的后门。无论是打开财富的前门，还是把守财富的后门，都有一个法则：不可随意进放，也不可无限延续。得到打开财富前门的钥匙，让人惊喜若狂；而把守财富后门的魔咒，却让人心生恐惧。因为无论你多么富可敌国，都难以逃脱"富不过三代"的千古咒语。

这个写在羊皮卷上的咒语，犹如附有撒旦之灵，阴魂不散，在人类几千年的豪门史上始终挥之不去，并且愈演愈烈，有时甚至让人不寒而栗，百思不得其解。这个在东西方都难以逃脱的魔咒，至今没多少人能够打破，难道真的是魔鬼的咒语在人世间发挥出了超强的魔力？

这个著名的魔咒，使我想到了英国那块让人望而生畏的"德里紫蓝宝石"。这块携带了"诅咒"的宝石，害得它的多任主人都灾难连连，甚至突遭横祸，最后的主人爱德华只好将它锁在英国博物馆的柜子里，前不久才被公开展出，使之终于走出了尘封近半个世纪的迷雾。

这块"魔咒宝石"，是1857年印度兵变期间被英国士兵掠夺来的，它被一名叫做菲里斯的骑兵上校带到英国。然而，这块宝石并未给它的新主人菲里斯带来什么福分，反而是到了英国就遭遇了连串厄运，他不但失去了所有金钱，并且还百病缠身。菲里斯的儿子继承了这块宝石后，也遭遇了同样的厄运。它不光糟害着主人家族，甚至连他们的朋友也不肯放过。菲里斯的一名朋友不信邪，他要将这块宝石借去把玩几天，可他拿到宝石没多久，就自杀身亡了。

于是，这块价值连城的宝石，顿时成了灾祸的象征，人们纷纷传说着它被施有咒语，会给任何拥有它的人带来厄运。1890年，英国科学家爱德华·海伦·艾伦得到了这块宝石，结果也遭遇了一连串倒霉事。更不可思议的是，爱德华的两个朋友曾向他借这块宝石回家观赏，结果一个朋友从此屡屡遭遇不幸事件；而另一名歌手朋友，竟然"失声"，从此再也没有开口唱过歌。

尽管爱德华一开始并不相信什么魔咒，当他的朋友双双遭遇厄运后，也就深信不疑了，他恼火地将这块无价之宝扔进了伦敦摄政运河里，可没想到3个月后，这块宝石又离奇地回到了他手中。原来一艘挖泥船从运河中捞到了这块宝石，一名商人从船员那儿买下了它，并将它还给了爱德华本人。

后来，爱德华为了走出这块"魔咒宝石"的阴影，将它寄给了自己的银行管理人，要求银行将它保管起来，直到死都不想看见它。爱德华当时说："我感到它会对我新生的女儿带来不利的影响。"

爱德华去世前,将这块"魔咒宝石"捐给了英国自然历史博物馆,并在盒子中留下了一个忠告:"这块宝石显然受到了诅咒,它上面沾染了鲜血,每个拥有它的人都会失去荣誉。无论谁打开这个盒子,都应该先阅读一下这份警告,然后按自己的意愿处理这块宝石。我对他或她的建议是,他们应该立即将它扔进大海里。"

由"富不过三代"这个千古魔咒,想到爱德华那块"德里紫蓝宝石",是因为它对富人制造了太多的悲剧和不幸,以及由此产生出无穷悲哀而又苍凉的想象力。然而,无论你是如何地忌讳它,或是厌恶地把它扔进大海,它都毫无顾忌地在一代又一代富人身上长盛不衰地施展着魔力。

麦肯锡似乎说得更绝!他在一项有关财富研究报告中指出:全球家族企业的平均寿命只有24年,其中只有大约30%的家族企业可以传到第二代,能够传至第三代的家族企业数量不足总量的13%,只有5%的家族企业在三代以后还能够继续为股东创造价值。

葡萄牙人有"富裕农民,贵族儿子,穷孙子"的说法,西班牙人也有"酒店老板,儿子富人,孙子讨饭"的说法,德国则用3个词"创造,继承,毁灭"来代表财富三代的命运。更可悲的是,对于很多财富来说,连一代都还未过完,更别说三代了。

这个可恶的魔咒,叫"世界宿命",不知有多少富人至今仍走不出这可恶又可怕的宿命。

2. 孟子的魔咒：君子之泽，五世而斩

凡读过《红楼梦》的人，很少不为贾府兴时的繁华、衰时的凄惨而唏嘘。个中变迁及其缘由，似正应了宁荣二公对警幻仙子说的那段近似谶语的凄怆之言："吾家自国朝定鼎以来，功名奕世，富贵流传，虽历百年，奈运终数尽，不可挽回者……"这运数道出的正是孟子的魔咒："君子之泽，五世而斩"。意思是，那些品学超群，能力出众的君子，辛辛苦苦成就了的事业，留给后代的恩惠福禄，经过几代人的挥霍也就消失殆尽了。

圣人之言，自然就成了先人们崇信不渝的规律。千百年来，无论公卿将相抑或巨商富贾，不管其家业多么兴盛、门第何其显赫，竟然没有一个能够逃出这个噩运。因之，这冥冥中的"运数"之说就成了孟夫子"君子之泽，五世而斩"魔咒的注脚。

这是否带有太多的东方式的迂腐，是否迂腐得几近迷信？我们来看看那位外国学者贝克耳对中国南方兴旺的大家族考证研究后得出的结论：他们大抵是第一代创业，第二代守业，第三代不事产业，一般过着自由自在的生活；第四代开始变卖家

业;到了第五代最终穷困潦倒。

难怪南北朝晚期的颜之推在他的名著《颜氏家训》勉学篇里描述到:那些锦衣玉食的世家子弟,由于生活安适而不思进取,一旦遇到社会动荡不宁时,便像呆头呆脑的枯枝烂木,像山间已经干枯的溪流,更像被戎马追逐的麋鹿,转眼之间便被击毙于沟渠之中。细加品味颜之推写这段家训时,心中肯定装满了惶恐和无奈,他是深怕其后代子孙遭此噩运才不得不警醒告诫自己的儿女,和其他世家子弟,怎样做才能警惕和避免这种结局的。

颜之推的后人从《颜氏家训》中获益多少,我没有认真去考证,我只是希望,我们当代的高门富户能够以古鉴今,虔心地去思索历史的教训。

财富和权力确实能给人戴上耀眼的光环,尽享人间快乐,可如果一味地满足于光环的辉耀、富贵的荣华,而不思提升自己的学养素质,不挖掘自己潜在的创造力、开拓力,不树立自己的人生大志向大目标,光辉终将暗淡,荣华终将变为一堆死灰。

这不由得令人想起了郁金香的命运:郁金香,土耳其语是美丽头巾的意思,她以娇娆的花色,高贵的花型以及典雅的花香征服了浪漫的荷兰人。有人考证,她本产于中国,在很久以前由那些骑骆驼的商人带去土耳其。16世纪中叶,当时世界上屈指可数的强国荷兰以其独特的气候和土壤条件迎娶了她。

荷兰人不甘于她原有的色香味,于1630年前后,他们又培育出一些新奇的郁金香品种，典雅高贵的郁金香很快风靡了欧洲上层社会。商人们还编出一些美丽的故事来吸引人们，故事说：古老的城堡里有位美丽少女，三位勇士同时爱上了她，一个送她皇冠；一个送她宝剑；还有一个干脆送她金块。但她对谁都没有钟情，还是每天向花神祷告。花神深感爱情不能勉强，就把皇冠变成鲜花，宝剑变成绿叶，金块变成球根，这样合起来便成一株郁金香了。这故事传开后更加深了人们对郁金香的钟爱，不少人都以拥有新奇的郁金香品种而自炫自豪，高贵新奇的郁金香也就神话般地身价百倍、价值连城，一株稀有郁金香的价格竟可以匹配一栋豪宅。

随着市场需求的逐渐上升，奸商们囤积奇货，再加上 College 的操纵，郁金香的价格每天都在飞涨不息。受到如此恩惠的荷兰，以为贫困将会一去不复返。为了追逐暴利，上至贵族，下至贫民，几乎所有荷兰人都冲昏了头脑。他们变卖家产，加入了郁金香的投机。1637 年的冬天，郁金香以其高昂的身价达到了空前绝后的辉煌。

但神话毕竟是神话，一旦把神话搬入现实生活，再美丽的神话也会破灭。1637 年 2 月 4 日，就在人们沉浸在郁金香的狂热之中时，一场崩溃悄然降临。由于卖方突然大量抛售，公众开始陷入恐慌，一夜之间，郁金香球茎的价格一落千丈。从此，郁金香的神话以"经济泡沫"的命运与"南海泡沫"和"密西西比泡沫"一起记载在世界经济史的案例中。

泡沫破灭后的郁金香，就像破落的贵族般，黯然跻身于花店的千百凡花之中,那种寒怆落寞,与家道衰败遁入空门的宝玉何其相似!

假若"君子"创造下来的财富传到后代子孙手里后,剩下的只有金钱和享受而遗忘了财富背后的生命意义,那些世家子弟们一步步走近"五世而斩"的代际更迭,也就不过是又一次验证着孟老夫子的魔咒而已。

3. 马克思的魔咒:资本的原始积累都是血淋淋的

一本畅销书上说到投资家琼斯这辈子只被叮嘱过一次。10岁时,他爸带他去欧洲,站在卡尔·马克思的墓碑旁庄严地对他说:"孩子,这个人预言全世界的多数人最后都将成为工资的奴隶。不过,你永远不会成为这样的一个人。"

犹太人是天生的财富弄潮者,很多金融寡头都是犹太人。马克思也是犹太人,但马克思对财富的理解却是反叛得令人惊讶,这就是大家熟悉的"马克思的魔咒":资本的原始积累都是血淋淋的。

这话听起来很恐怖,但并非危言耸听,因为只要稍稍翻开几页世界历史,就可以看到处处都有斑斑的血迹。英国的强盛壮大就与对世界各殖民地的残酷掠夺分不开,"东印度公司"

的建立与发展就是一个很好的佐证。

始建于1600年的"东印度公司",原本是一个英国人用来与印度做生意的机构。但随着英国殖民者野心的不断膨胀,它慢慢就成了殖民者侵略印度的工具。

特别是在加尔各答设立了贸易总部后,印度的粮食和工业原料,就源源不断地通过"东印度公司"运回了英国,"东印度公司"也因此从中获得了丰厚的利润,积累了更多的原始资本,具备了入侵他国更雄厚的财力。尽管如此,财富掠夺远远不能满足侵略者的野心,他们更大的胃口是政治上的控制,甚至还在加尔各答修筑了堡垒,建立了军队,这样就引起了印度人民的愤然反抗,爆发了历史上著名的英印"七年战争"。

英国政府授予了"东印度公司"各种权力,使这个公司成了印度的国中之国,甚至是国上之国,它不仅垄断了贸易权,还具有训练军队权、宣战媾和权、设立法庭审判本国或殖民地居民权等。这样,"东印度公司"实际成了印度政府的太上皇。在某一天,当英国人打开孟加拉国库大门时,他们所有的绅士风度都荡然无存,甚至比强盗还更疯狂地将满库的金银珠宝洗劫一空。

据不完全统计,孟加拉国库被抢,英军拿走的金银珠宝,总价值达3700万英镑,这还不包括个人装入腰包的,如东印度公司职员们个人抢走的总数价值已达2100万英镑。光这两项总价值就达5800万英镑。

以这样的方式进行的原始资本积累,血迹能被时间而风干吗?

关于资本的原始积累问题,马克思下过一个透彻的结论:"资本来到世间,就是从头到脚,每个毛孔都滴着血和肮脏的东西。"并且断言:"在坚硬的商品货币法则面前,温情脉脉的亲情面纱薄如蝉翼。"

无论是国家,还是个人,如果以追求财富积累成为生存的唯一目标,都会陷入"马克思的魔咒"。

马克思非常精确地断言:"有50%的利润,他就会铤而走险;有100%的利润,他敢践踏人间一切法律;有300%的利润,他敢犯任何罪行,甚至冒着绞首的危险。"

无独有偶,另一位西方哲人也说过与此类似的话。

资本的积累是需要胆量的!如果动乱和纷争能够带来利润,它就会鼓动资本骚动起来,世界上任何形式的走私活动和历史上的奴隶贸易就是丰厚利润惹的祸。

15世纪末,西方人对货币的崇拜到了颠狂的地步。哥伦布发现了新大陆,人们看到的只是他的冒险精神,而忽视了他本身就是个海盗。所以,马克思说:"黄金一词是驱使西班牙人横渡大西洋到美洲去的咒语;黄金是白人刚踏上一个新发现的海岸时所要的第一件东西。"三个世纪间,他们欲口大开,掠夺黄金250万公斤,白银1亿公斤。他们把这笔巨额财富运到欧洲,化为资本,再次输出时,又将血腥掠夺变成更为巧妙的豪取。

殖民者对黄金的追逐为新大陆的开发提供了看不见的动

力。在以货币为介质的社会里，对财富的追逐可以说是渗透到社会肌体的每一个毛孔和细胞。

所以，也有人说：黄金是唆使哥伦布到美洲去的咒语。

资本是把双刃剑！19世纪是强盗财富的世纪，在短短一个世纪里，就创造了比人类历史上所有财富总和还要多的社会财富。但这些财富，又是带着道德沦丧的灵魂，踩着累累白骨，在鲜血淋漓中积累的。所以，人们对财富的追逐，总是无法改变浮躁、投机、贪婪甚至疯狂的本性。一旦暴利冲昏头脑时，灾难便开始降临。

从这个意义上说，任何快速积累的财富都带有洗不净的原罪。人的原罪是由始祖亚当传下来的，而财富的原罪则是与生俱来的，是人性欲望所决定的。任何财富它的一边脸上总是金光闪亮，而另一边脸却刻着天生的血印来到世间的。

应该说，财富本身是无罪的，只是人们在攫取它的过程中，使用的程序、方法、渠道、手段等，总是有合法与非法、有罪与非罪、阴暗与阳光互相绞合、互为借助。因此，富一代的财富中有些总难免带有原罪成分，自然也有完全例外者。

辐照到今天，如果笼统地把中国改革开放以来民营企业的财富一律看作是非法，甚至是罪恶的，那是不科学、不公正、更不符合历史事实的，他们中的大多数在改革开放的进程中都是贡献卓著，推进了市场经济进程的。尽管这样，富一代财富的原罪，还是不容忽视，因为它确实存在。它的根源，不在于追逐财富的人，而在于社会制度、体制和环境的漏洞，在于法律、道德与文化的缺陷，在于社会转型接轨的盲区。

事过境迁。从改革开放到今天，富一代行将退出历史舞台，富二代开始走到父辈们构建的台前，这就涉及到一个财富传承问题。要将富一代带有原罪的财富传承到富二代、富三代，甚至富N代，如何对财富原罪进行"救赎"和"漂白"就成了迫在眉睫的问题。

基于此，凡理性的富一代在财富传承之前，都应首先想到对财富原罪的救赎。通过多做慈善事业使它变成一种阳光的没有污点的财富，这样才能走出"马克思的魔咒"，去掉浓浓的血腥味，使财富更长远地延续下去。

4. 托夫勒的魔咒：未来财富的不确定性

托夫勒的魔咒是天才的，也是可怕的。因为他对未来财富的不确定性下了一个定义，让富人处在财富恐惧之中。他的这个魔咒，从某种意义上说，与"卡珊德拉诅咒"几乎是异曲同工。尽管一个是神话，一个是现实，但它们给人们的启示都是非常可贵的。

在希腊神话中，卡珊德拉公主是个耐人寻味的人物。她是特洛伊国王普里阿摩斯的爱女，虽然受后妈迫害被赶出皇宫剥夺了财产继承权,但她的聪明和美貌,却让被宙斯驱逐到了凡间的太阳神阿波罗动了心,尽管他是个落魄的逃亡犯,却深深地爱上了卡珊德拉。

阿波罗为了让卡珊德拉爱上他,便送给她预知未来的能力,可卡珊德拉后来还是拒绝了他,愤怒的阿波罗变爱为恨,就用诅咒报复卡珊德拉:让卡珊德拉的预言百发百中,却让世人永远也不去相信它。

很久以来,"卡珊德拉诅咒"就像幽灵一样四处游荡着。尽管人们一直在极力摆脱它,但又走不出它的阴影。因为它对未来的判断,必须用时间来检验,而这种检验总是姗姗来迟,并让人们始终处于惶惑不安的状态中。

托夫勒的魔咒,不是不被人相信,也不是虚幻的,而是无数次地一言中的。不幸而又无法摆脱的是,在每一次财富浪潮中,都有一些富人的财富被这残忍的魔咒吞没。他的预言,几乎成了财富的谶语,让人不得不刮目相看。

从《第三次浪潮》到《财富的革命》,可以让人明白无误地看到他诠释财富的魔力。20多年前,托夫勒的一部《第三次浪潮》成了中国人改革开放初期的一本启蒙读物,让人们对财富的认识大开眼界。他对人类文明三个浪潮时期的划分,清晰地说明了人类社会的财富走向,有不少预言犹如魔咒一般,总是次次言中,让人感慨不已。

奇妙的是,托夫勒的预言在中国也变成了现实。在中国两轨、甚至多轨体制的并存体制下,曾创造了过去25年的世界经济奇迹。2001年,当托夫勒访问中国被媒体问及"中国是否可以跳过第二次浪潮,而直接进入第三次浪潮?"时,他回答说:"历史是无法确定的,没有人可以确切地预测中国历史发展的进程。当然,如果中国可能跨越式的发展,必须以成功的教育为基本前提,互联网络很可能为中国的教育和经济发展提供后发优势。"

《第三次浪潮》的20年后,托夫勒又从最惹人注目的财富角度,预言了财富的革命性改变,这种变革将从根本上颠覆人们的财富观。它的新预言,就是关于有形和无形财富的未来。这种革命性的财富形式在未来的数年中将重新设计人们的生活、公司和整个世界。

在这里,托夫勒又向人们下了一道咒语:暗示未来的财富,这绝不是像金钱、资本一样简单,只有及时更新人们脑内的财富观念,明白今天创造财富的机制已不堪重负、摇摇欲坠,才不致棋输一着,先机尽失。

所以,今天的富人,或者富人的后人,无论你拥有多大的财富,有形的还是无形的,只有深刻理解现在正在进行的变革,理解它在时间、空间与知识的变化,并且善于审时度势,顺势而为,才能使你的财富立于不败之地。

5. 福布斯的魔咒：上了它的名单，你会死得很难看

高大的身材总是套着一件正统的黑色西装，四方脸上端正地架着一副眼镜，美国人史提夫·福布斯，看上去有些斯文，也有些书卷气。他的名字频频出现在《Forbes》《事实与评论》专栏上。他就是美国福布斯集团的总裁兼首席执行官以及福布斯杂志的总编辑。目前，他的个人资产已超过4.4亿美元。

《福布斯咒语》讲的不是福布斯本人的故事，这是一位中国作家讲述中国当代新贵们在性、金钱和权力之间的挣扎，这是一部搅动中国金融地产界的小说。它的一位主人公说了一句很耐人寻味的话："你知道吗？福布斯是一个诅咒，如果你进入福布斯的名单，你就会死得很难看！"

在《福布斯》榜中，无论国内还是国外，每年都有很多富人黯然退场。于是人们不得不相信了"福布斯魔咒"的真实和灵验性。而《福布斯》的当选者，有的觉得荣耀，有的不以为然，有的则像逃避瘟神一般跑得远远的。

有趣的是，福布斯本人却很低调。他行事的准则是：可以炫耀别人的财富，但从不炫耀自己的财富。类似于打牌，看到别人的牌你会赢，但让别人看了你的牌你就会输得很惨。

聪明的福布斯不仅自己会赚钱，他还会教别人赚钱，他的一句名言让很多人受益匪浅：赚穷人的钱会成为富人，赚富人的钱会成为福布斯。

据说，《福布斯》成了富人的标志后，有一次，一位福布斯排行榜上的富豪乘飞机出国时忘了带护照，恰巧他的照片刊登在《福布斯》的封面上，情急之下他拿出这本杂志当身份证明，海关居然慷慨放了行。

史提夫·福布斯说：富豪每一天都不能放松——《福布斯》的美国富豪榜上，每年的变化超过50%。你今天是富豪，明天未必仍然是。所以，富不过三代，甚至富不过一代，犹如一个大魔咒，时刻紧扣在这些看起来很洒脱但睡觉都要睁着一只眼的富豪头顶上。

从《福布斯》杂志最近20年的全球首富排行榜进行研究，摩根银行发现，在20年前的400位大富豪中，有200多位富豪因"千金散尽"而退出富豪排行榜，其中包括"披头士"乐队主唱约翰·列侬的遗孀小野洋子、知名化妆品品牌创办人雅诗·兰黛等。

许多声名显赫的世家后人也已被富豪榜除名，比如杜邦家族，超过15个成员已被挤出富豪榜外。洛克菲勒家族的若干成员、电影《公民凯恩》所描绘的美国媒体巨头赫斯特的后人也都黯然出局。

目前，仍在榜上的只剩50人，全球大部分超级富豪在过去的20年间没能守住巨额财富，其败家率达80%之多，与20

年前同一排行榜的数据相比，结果发现，平均每5名榜上有名的超级富豪中，只有1名能在榜上屹立20年而不倒。

经摩根银行研究又发现，因为富有家族的后人大多挥金如土，所以很多家族都是"富不过三代"，例如希尔顿酒店后人模特儿帕里斯希尔顿，她的昂贵衣服花费全都是由希尔顿家族承担。另外，高通胀、政府向富豪资产或其公司业务所收的重税、打官司及防不胜防牵连到的欺诈案等都是拥有巨额资产的风险。

摩根银行专家表示，若富豪家族希望守住家产，并能"富传三代"的话，他们每年只可以花费身家的3%至4%，也就是说有1亿英镑身家的富豪，每年只能用400万英镑，然而，这个数字只够购买一艘游艇或伦敦中部的一间住宅，对那些超级富豪来说只是小菜一碟而已。

更有意思的是，时下福布斯家族本身的经历，也同样诠释着"富不过三代"这条定律的真理性。创立于1917年的《福布斯》杂志，尽管在富二代马尔科姆·福布斯身上得到了发扬光大，使它成为世界性的富人标志，但到了养尊处优的福布斯家族富三代手里，却频频曝出变卖家产以解财政之困的传闻。

事实上，自从互联网泡沫破灭后，《福布斯》广告收入大减，且时下的竞争日益加剧，可含着金钥匙长大的福布斯家族富三代传人却对此该窘境无计可施，而挥金如土的习惯仍是依然如故。无奈，可以选择的只有变卖资产。在过去6年里，福布斯家族富三代已出售了很多家族资产，其中最瞩目的就是把马尔科姆·福布斯心爱的俄国珍贵彩蛋系列拍卖一空。

对于"富不过三代"这个魔咒,当然没有一个富人会喜欢。但不喜欢归不喜欢,它可不会因为富人们不喜欢而停止肆虐,或者因为富人们的恐惧而不再发挥它的魔力。于是,富人们便采取一切可能采取的措施来打破这个魔咒:比如继承人教育、遗产计划、与权势者建立姻亲关系等,尽量使其家族财富走得更远、更稳健一些。

6. 胡润的魔咒:富不过当代

谁也没有料到,中国富人谁有多少钱,谁是老大,谁排第几,竟然是由一个叫胡润的英国小伙子算出来的。

说是算,其实是挖。因为中国人历来都是喜欢藏富的,吃饭时把肉埋在饭里,很忌讳露富和冒富。在那个非互联网时代,胡润出炉的第一张50名富人榜,就是他和朋友窝在上海图书馆里,通过阅读大量的党报来寻找中国最有钱的人。

结果,戏剧性的事情发生了。那些榜上有名的富豪,在不到5年的时间里,竟然有将近三分之一的人落马,于是有人戏称"胡润百富榜"为"杀猪榜"。在过去的10年间,曾经出现在"胡润百富榜"上的千余名国内富豪中,有49人发生变故，成为问题富豪，还有不少破了产，落了个灰飞烟灭。

如果用"其进锐者，其退速"、"你方唱罢我登场"、"朝为田舍郎，暮登天子堂"这些话来形容中国的这些刚刚冒出来的富豪们，那是一点也不过分的。对于他们来说，不是"富不过三代"的问题，而是连自己这一代的财富魔咒也难以走出。

对此，这个喜欢穿着蓝格子衬衣、脸上永远带着绅士般微笑的胡润禁不住大呼冤枉，并表示他与榜起榜落没有任何因果关系，而且落马富豪只是富豪榜单中很少的一部分人，只是因为他们的落马，才备受关注。但不管怎样，在这个如此大的落马几率面前，最后胡润自己也称："百富榜犹如一纸魔咒。"

这难道纯属巧合？当然不是！那时中国正处在一个历史大转型期，一切都在颠覆变幻之中。一面是巨大财富的创造和聚集，一面是巨大财富的转移和吞噬。法律的疏漏、制度的缺陷、财富的诱惑、转型的眩晕，既是富豪眼中的机会，也是富豪头上的阴影。所以，胡润的魔咒，并非富豪榜的罪过，这是中国特定历史时期财富旋涡荡出的波浪。

据经济学家研究发现，人均 GDP 从 1000 美元到从 2000 美元是一个社会变化最剧烈的时期。2007 年中国人均 GDP 达到 2461 美元。而这个跨越期中国仅仅用了 3 年时间。10 年前，胡润第一次推出富豪榜时只有 50 人上榜，门槛是资产 5000 万元，而 2009 年的富豪榜达到 1000 人，门槛抬高到了 7 个亿。由此可见，胡润富豪榜推出的这十几年间，实际上是中国个人财富增长最快的时期。

于是，有人说出了其中的奥秘：中国大陆富豪获得的第一桶金，不少都是通过违规灰色方式，即钻制度的空子，因此很难获得人们的尊敬和认同。而中国的港澳台地区，尤其是国际富豪，他们是在比较成熟的市场经济条件下，获取财富的手段比较合法、正常，更容易获得人们的尊重。

胡润曾说过："中国企业很不容易，刚来中国时我觉得很奇怪：民营企业在上世纪80年代末90年代初竟不能在中国的银行开账户，融资困难造成早期部分民营企业偷税，企业家也容易走上官商勾结的道路。"

原罪，似乎成了中国富豪光环下挥之不散的阴影。但胡润现在认为，这种原罪现象似乎已没有生存的土壤："现在，中国民营企业的融资渠道就比较多了，融资问题已相对容易解决，现在国内已有很多资金充裕的企业和个人在做融资的工作，政策上对此也有了突破。很多银行、国外的风险投资者也都在关注中国优秀的企业及企业家。"

胡润曾引用了《南方周末》的一段评论来表明他对中国富豪的态度："在面向市场经济的渐进转型中，起点不公平和规则不公平已经成为一种基本的存在。所以我们尊重人们对财富的普遍的保留情绪。但是我们还想说，需要消除的是这两种不公平，而不是富豪。"

上世纪最后一年，胡润制作的"1999中国50富豪榜"在《福布斯》杂志发布，而且只用英文形式，影响并不大。但一些国际媒体似乎嗅到了气味，称"中国人终于找到了致富光荣的感觉"。

如果不是《福布斯》炒了胡润的鱿鱼，那么这个能够操着一口流利普通话的胡润仍然还会把给中国富人排名当作一个好玩的游戏继续玩下去，之后，每年从《福布斯》那里领到每年几千元的稿费而已。在此之前，他每年都做一次《福布斯》中国内地富人排行榜，到2002年已经是第四次了。

与《福布斯》分手后，胡润反而有了更大的天空，尽管有些失落。可如今他早已不是过去那个居无定所的自由撰稿人了。只5年功夫，这个35岁才把在英国读大学的贷款还清的英国人，不仅使自己进入了富人行列，还使中国富人认同了他，愈来愈愿意与他打交道。

过去，在中国富人眼里，胡润似乎是个不祥之物。1999年做富人排行榜时，胡润根本没能联系到榜单中任何一个富豪。可后来，胡润已经能够约见到榜单中1/3以上的人；再后来，可以轻而易举地联系上全部上榜富豪。如今，国内各路英豪，想从上百富排行榜分一杯羹的人如此之多，大大出乎他的意料。因为，毕竟这个英国小伙子为中国的富人建立了一种秩序。

胡润创造了中国的百富榜，在打造财富英雄的同时，也在强调财富品质的重要性。应该说，胡润对中国最大的贡献，就是把中国富豪的财富给量化了，公开化了，阳光化了，他并且在很大程度上改变了中国人对富人的看法。

可以说，对胡润的百富榜，有人欢喜有人愁，有人唯恐躲避不及，有人则趋之若鹜。但不管怎么说，他在一定程度上改变了中国人的财富观，消除了人们过去那种不正常的仇富心理，帮助人们建立了追求财富的目标和梦想。

7．人性的魔咒：欲望、自私和炫耀之谜

对于财富而言，人性的魔咒，就是它的欲望、自私和炫耀。

在人类漫长的进程中，无论是伟人还是凡人，谁也不能走出这个魔咒。假如我们能深刻了解达尔文的进化论，就会知道财富的秘密原来就隐藏在人性之中。因为，每一种人性之所以能够保留下来，不管是丑陋的还是美好的，都是过去数百万年有利于生存斗争、自然选择的结果。

○人性的第一个魔咒，就是人的欲望

人性的第一个魔咒，就是人的欲望，而最强烈的欲望就是人的原欲。按照达尔文进化论的原理，雌性的生殖代价高，生产能力有限；而雄性的生殖代价非常小，生产能力几乎是无穷的。在这种情况下，经常出轨的雄性显然会比忠诚的雄性能留下更多的后代，于是自然选择就保留了雄性出轨的习性。此时生物进化已经超过了生物本身，所有竞争性增殖生物，无不遵

从自然选择这个原理。

在生物进化中，性只是留下后代的手段，生殖才是目的。激烈的生殖竞争总是选择有利的性智慧，使之胜出，从而获得更多的交配权。所以，从这个角度来说，雄性好色是天生的，是好色基因遗传的结果。无论是远古还是现代，雄性追逐雌性这一法则，一直没有丝毫的改变。

在自然选择的情况下，一切都是以有利于生物的进化为轴心为秩序。无论在哪个时代，一个人在财富上的占有，显然是对生存和繁殖最为有力的筹码，所以，只有深刻地了解人性的原欲，才能更为彻底地了解财富的魔力。

弗洛伊德最有影响力的哲学，就是尽量用性来解释人类行为的一切。他曾用"力比多"这一术语表示性本能的力量，他认为人的机体是一个复杂的能量系统，它的心理能量就是力比多。他在大多数场合把"力比多"等同于性欲，认为区别生命本能的性欲是个体生存和种族繁衍的动力，是创造的力量。弗洛伊德认为，每一个正常人都逃脱不了原欲这个"魔咒"。

鲁迅先生曾经说过，男人只要一见到女人那光滑的手臂，就会自然想到她的大腿，看见大腿，就想性交。欲望就是这样一根邪恶的魔杖，驱使着人们去追逐，去征服，去占有，而且永远不知满足，犹如孩子有了一个苹果，还想拿第二个、第三个，不管吃得完还是吃不完。财富作为一个人成功的社会标志和象征，作为"人类生存繁殖最为有力的筹码"，它与原欲一样，成了一个无底的黑洞，没有人能够填满它，反而有无数人被它吞噬。

○**自私，这是人性的第二个魔咒**

自私既是人类的本性使然，又是进化中万物的逻辑。记得有一个叫戴维·迈尔斯的西方心理学家说过："当道德与贪婪同处竞技场时，通常是贪婪大获全胜。"

达尔文的《物种起源》中有一个精彩的关于养奴蚁的例子，在这个例子中，他将蚂蚁分为两类：作为奴隶的蚂蚁勤勤恳恳，从无抱怨；而作为奴隶主的蚂蚁，甚至不会自己吃东西，但却拥有发号施令的权力。人们无法理解这种养奴蚁的现象，最后只好把它归结为奇异的本能。

自私，从实质上来说，不过是争取自身生存的有利因素。它不仅仅是人的本性，也是宇宙万物在竞争中得以存在的共性。自私是一种无机可乘的逻辑，在一个利他的群体中，往往存在着自私的漏洞，人人忙碌着利他，自私者就可以乘隙获利从而淘汰了利他者。

从某种意义上说，这种行为本身也可以说是生物进化的又一元素，它会慢慢转化成基因，从而遗传下去。如果一个自私的基因利用了其他人的利他主义的话，那么这个群体中的自私基因就更有机会生存下来。自然选择的基本单位不是物体，不是群体，甚至也不是个体，而是基因这一基本的遗传单位。因为作为选择单元，不仅要求优秀，而且必须能够精确地复制自己，优化自己，强大自己。从这个意义上说，自私也是生物进化而来的一种无懈可击的品质。

人们往往会高估自身的能力，从而忽视了对自然生存环境进化力量的关照。进化论的成果又给人们提供了一个直接而奇妙的启发。财富虽然与人的贪欲有关，但人为什么会对财富如此贪恋，甚至超过生存和繁殖意义？这都应归咎于人性自私的疯狂膨胀，从而忘却了他人及至自己赖以生存的自然环境。长此以往，人类自私的本身就成了自己生命的掘墓人！到了那一天，人类只能面对自己与生俱来的自私欲哭无泪。

每到探讨人性的自私时，我都会记起一个传说：某个遥远的地方有一座宝藏。要想得到这个宝藏，必须渡海，还要经过一座山，而山上有一扇附有魔咒的门，只有懂得这个魔咒的人，才能打开这扇门，并且门也会完全服从于这个人的意愿，为他做任何事。

无论宝藏有多吸引人，没有强壮的身体和充足的财力是无法到达那里的，更何况还需要懂得魔咒！所以，一般的人是不敢轻举妄动的。一个探险者决定去探寻这个宝藏，但他不知道魔咒，所以不可能通过那扇门。后来，他终于找到那个懂魔咒的人，就邀他一起去探宝，并信誓旦旦地承诺把一半的宝藏分给他。

两个探险者历尽艰险，终于快到藏宝的地方了，他们搭起了帐篷，点着了篝火，开怀畅饮。发起探险的人对懂咒语的人说："你是我最信赖的人！我愿意把我知道的都告诉你，希望你也能说出你知道的事情。"

俩人沉醉在畅饮之中，忘记了时光。诚实的懂魔咒者睡到天亮醒来时,发现帐蓬里只有自己一个人。他急忙赶到了那扇门前,徘徊了很久,还是不见同伴。突然,他想试试自己的魔咒,或许门可以告诉他点什么。于是他念了魔咒,魔门应声回答:"您的魔咒已经在昨夜使用过并被更改,请您使用新的魔咒。"

就在这一瞬间,他明白了所有的事情,当然也包括人性的自私。

○炫耀,是人性中的第三个魔咒

炫耀是人们在任何时候都想显示的本能。据说波利尼西亚地区的某些酋长,为了保持自己的尊严,他们宁可挨饿,也不肯把自己手里的食物送到嘴里,一定要仆人来伺侯。

拿破仑用的餐具是铝制的,他的大臣用的则是银制的。在当时看来,一是铝比较昂贵;另外,铝非常轻则是一个明显的、实实在在的优点。在这里,与众不同、高高在上就是内心真正所需要的东西。

这种不正常的现象,人们把它叫做"凡勃伦效应":就是东西越贵越有人愿意买。这是一个叫凡勃伦的美国经济学家最早注意到的消费倾向,人们就以他的名字来命名。由于消费者喜欢夸张地使用价格高昂的东西来引人注目,以达到炫耀自己财富的效应因而这种现象又被称为"炫耀性消费"。

下面的故事对凡勃伦效应作了最好的诠释:

一天,禅师为了启发他的弟子,给他一块石头,叫他去菜市场,并且试着卖掉它。这块石头很大,很美丽。但是师父说:"我不是要你真的卖掉它,只是试着去卖。注意观察,多问一些人,然后只要告诉我在菜市场它能卖多少钱就可以了。"

弟子去了菜市场,许多人看着石头想:它可以做很好的小摆件,孩子可以玩,或者还可以把它当作称菜用的秤砣。于是出了价,但不过是几个小硬币。弟子回来说:"它最多只能卖几个硬币。"师父说:"现在你去黄金市场,问问那儿的人。但是不要卖掉它,光问问价。"

从黄金市场回来,弟子很高兴,说:"这些人太棒了!他们乐意出1000块钱。"师父说:"现在你去珠宝市场那儿,低于50万不要卖掉。"弟子又去了珠宝商那儿。简直不敢相信,珠宝商竟然乐意出5万块钱,他还不愿意卖,继续抬高价格——他们出到10万。

但是这个弟子说:"这个价钱我不打算卖掉它。"于是,有人说:"我出20万、30万!"这个弟子说:"这样的价钱我还是不能卖,只是问问价。"心里却说:"这些人疯了!"这个弟子虽然觉得不可思议,但是没有表现出来。最后,以50万的价格把这块石头卖掉了。

回来后,师父说:"现在你明白了,这就要看你是不是有试金石、理解力。如果你没有不断地要更高的价钱,你就永远不会得到更高的价钱。"

这禅师弟子出售石头过程反映的就是那条经济规律:凡勃伦效应。

炫耀性的消费可将普通的东西变成价值连城的奢侈品,而人们花大钱去炫耀的目的，只是为了那一瞬间的极度满足感。

所以，凡勃伦在《有闲阶级论》一书中写道："在任何高度组织起来的工业社会，荣誉最后依据的基础总是金钱力量；而表现金钱力量，从而获得或保持荣誉的手段是有闲和对财物的明显浪费。"

从这个意义上讲，"凡勃伦效应"是一种社会心理效应，而不完全是一种经济效应。因为凡勃伦所说的炫耀性消费，实际上必须依赖于个人对群体的预期性才能起到真正作用。它是人性的又一个魔咒，表现的方式却是一种极度膨胀而夸张了的征服欲。

第二章 财富崇灵魂：如何做人是最大的道理

在富可敌国的洛克菲勒晚年的时候，他身边的一个幕僚对他说：你散掉财富的速度应该与你集聚财富的速度相同，甚至更快，否则会贻害你的后人。这话听起来好像有悖常理，但中国古训"黄金满籝，不如遗子一经"很好地给它作了注释。这两种迥然不同的中西方文化背景下产生出来的财富观，却有着高度一致的概括：财富是有伦理道德的，它的灵魂是如何去做人。

——启示录

1. 黄金满籯，不如遗子一经

留点钱财给子孙，这是中国人的传统习惯。但问题也接着来了，纵观几千年的历史，凡是给子孙留下万贯钱财，希望子孙能有享不尽的富贵者，其不肖子孙也就越来越多，其败家的惨景和几率让人不寒而栗。于是，就产生了许多有关财富方面的经典故事和格言，劝告人们不留或少留钱财给子孙。

其中最深入人心的，就是"黄金满籯，不如遗子一经"这句话了。

"人遗子，金满籯，我教子，惟一经。"这是宋人王应麟在《三字经》中说的。他是进士出身，也是南宋才高八斗的人。他一生写了几百卷书，但能流传千古、发人深省的，也就是这本当时并不入流的启蒙小书了。

世间富人为子孙留下的是一箱箱金银，可他们哪里知道，金银只是死宝。而王应麟教子的方法，只有一本《三字经》而已。因为他明白这样一个道理：如果子孙贤能，又何必积金给他们；如果子孙不肖，纵使家财万贯，也是枉然一场。

《汉书·韦贤传》也记载："遗子黄金满籯，不如一经。"韦贤是汉朝时鲁国邹人，也就是现在的山东人。他生性淳朴，对于名利看得很淡，一心一意专注于读书，精通《礼》、《尚书》等经，并以教授《诗经》著名，被当时的人称为"邹鲁大儒"。

朝廷认为韦贤是个难得的人才，就征召他为博士，汉昭帝并拜他为师，请他教授《诗经》。不久，又升迁为光禄大夫、詹事、大鸿胪。在他70多岁的时候，宣帝又封他为丞相。他做了5年丞相后，以年老多病为由，告老还乡。辞行时，宣帝还赏给他一百斤黄金，可见皇帝有多器重他。

韦贤有4个儿子，早逝的长子方山，曾任职高寝令；次子弘，官做到东海太守；三子舜留在家乡看守家园；最小的儿子玄成和他一样，勤奋读书，也以"明经"历官到丞相。因为韦贤教子有方，儿子都有成就，所以当时的邹鲁就留下了"遗子黄金满籯，不如一经"的谚语。

无独有偶，汉朝还有一个著名学者疏广，字仲翁，是西汉兰陵人，对《春秋》有独到的研究。汉宣帝征他为博士，授以太子太傅的官职，他的侄子疏受也被聘为太子少傅。一家人居然有俩人同朝做了太子的老师，这在历史上是少见的。

有一天，疏广对疏受说："我们的官做得够大了，名声也不小，再不急流勇退，就该树大招风了。"于是，俩人就向汉宣帝奏请告老还乡。宣帝与太子厚赠他们一笔钱财，让俩人荣归故里。

疏广回乡后，将这些钱财都分送给了亲朋故友。有人劝他给子孙留一些，他摇摇头说："贤而多财，则损其志；愚而多财，则益其过。"意思是说他的子孙如果有才德，钱财只能损伤他们的志气；如果愚昧昏庸，钱财只会增加他们的过失。后来发生的一些事果然印证了他的说法，人们都很佩服他对待钱财的过人之见。

古人在子孙教育上，重视"遗金不如遗经"的做法是有道理的。因为钱财是身外之物，生不带来，死不带去，只有教会子孙做人，成为有用之人，钱财才有可能延续下去，变成一个有生命有灵性的东西。

古人对于学问的重视，至今还可以看到一些遗风。如秦岭被称为"道德遗经第一山"，福建永定还保留了一座当今最大的方楼，叫做"遗经楼"，过去朝廷官员还有一个皇帝赐给的学术大餐，叫做"经筵"。

在古代，"吃经筵"是一件很荣耀的事情。举行经筵主要有两个方面的内容：一是味道研经，探究经书中的微言大义；一是以古证今，亦即以史为鉴，吸取封建统治的经验教训。

据记载，在一次经筵上，康熙帝问大臣叶方蔼："知行孰重？"叶方蔼回答："宋臣朱熹之说，以次序言，则知先而行后。以功夫言，则知轻而行重。"康熙帝接着说："毕竟行重。若不能行，则知亦空知耳。"当时的重经之风，由此可见一斑。

明代将领戚继光抗倭的故事，人们虽然耳熟能详，但戚家历代教子有方，却鲜为人知。戚继光的家族是山东登州的望族大户，他的先祖，原是春秋时卫国的大夫，封邑于河东，食采于戚。五世祖戚斌是一个"享百岁寿，教子成名"的公认好官。他的父亲戚景通，赋性刚毅好学，居官有守，以孝廉闻，56岁得子继光，并教以方义。

一次，父亲问戚继光："宋代岳飞曾说过什么话？"

戚继光脱口而出："文官不贪财，武官不怕死，国家就兴旺。"

"对，你要终生记住这句话，认真读书，苦练武艺，才能为国立功，干一番大事业！"

几年后，戚继光成为一名文武双全的青年军官。这时，父亲正埋头著一部兵书，有人劝他晚年要多置办些田产以留给后代，戚景通听了后对继光说："你知道父亲为什么给你取名继光吗？"

"要孩儿继承戚家军名，光耀门第。"

"继儿，我一生没有留给你多少产业，你不会感到遗憾吧？"

戚继光指着厅堂上父亲写的一副对联："授产何若授业，片长薄枝免饥寒；遗金不如遗经，处世做人真学问。"

他读了一遍后说："父亲从小教我读书习武，还教我做一个品德高尚的人，这是给孩儿最宝贵的产业，孩儿从没想过贪图安逸和富贵，我只想早些看到父亲将来像岳飞建'岳家军'一样，创立一支'戚家军'。"

戚景通听了心中十分宽慰，笑着对儿子说："我这部兵书已经写完了，现在我要传给你，这是我一生的心血，将来你用它报效国家吧！"

戚继光跪在地上，双手接过《戚氏兵法》说："孩儿一定研读这部兵书，将来不管遇到什么艰难险阻，我也不会丢弃父亲的一生心血。"

后来戚继光曾对人说："我之能抗倭取胜，全靠我父亲在世时的谆谆教诲啊！"

由此可见，从小教育子女晓以方义，其重要程度胜过任何有形的财富。

也许你知道郑板桥的诗、画和书法在清代堪称一绝；也许你还知道郑板桥的"难得糊涂"那是一句让人回味无穷的禅语；可你却不一定知道，郑板桥的临终教子不仅用心良苦，还让人感慨万分。正如古人说的："至乐无如读书，至安无如教子。"

郑板桥虽然才气过人，官场并不如意，做了那么久的县令，家境却并不富裕。尽管如此，儿子毕竟没有经历多少贫寒，他最大的心病就是儿子缺少自立能力，以后难以立世做人。

郑板桥弥留之际，儿子问他有何教诲？他对儿子说："我想尝尝你的亲蒸之馍。"老父之命难违，儿子即刻下厨忙碌。但读书习字之人，蒸馍犹如临阵，于是不免手忙脚乱、不知所措，致使郑板桥临死也没能吃到儿子亲手蒸的馒头。

在为父亲更换寿衣时，儿子发现枕下留有一张纸条，上面写着："不靠天不靠地，不靠祖宗靠自己。"这使他不由嚎啕大恸，痛悔自己平日未能学有一技，遗恨自己没能满足父亲临终之愿。

郑板桥如若学一点如今官场的聪明，做了多任县令，且画技过人，即使不违规不违纪，只巧妙地用些"潜规则"，置些家业予后代也是很容易的事情。但他至死也不肯随波逐流，始终没有利用这些条件为儿子去累积钱财、购置田产，而是以一纸遗书，教儿自强自立于天下，他给儿子的财富，是子子孙孙也用不完的。

其实，"黄金满籯，不如遗子一经"这句话，在古今都是相通的。只是在以财富为标志的社会里，有许多人渐渐把它蒸发了，遗忘了，更有甚者，甚至将它视作迂腐、冒傻气！新兴的权贵富人更是对之置之不顾，以致给富二代、官二代带来或隐或显的不幸，这实际上是富一代的疏忽和失误，因为在他们腾达得飘飘忽忽之后，早已数典忘祖，把老祖宗的这个古训抛到太平洋去了。

2. 司马光的《训俭示康》

前些天，闲来无事，独自一人游了曾被八国联军糟害过的圆明园。当时，园内的许多湖面上盛开着荷花，"接天莲叶无穷碧，映日荷花别样红"，园虽残迹尚留，花却让人赏心悦目。

时光无情，那花的鲜艳或许就是被八国联军杀害的先人的鲜血滋养的吧……正感叹间，我来到正大光明殿，目光一闪，我被几行潇洒舒放的行书吸引住了："义府庭萝壁，恩波水泻银。草青思示俭，山静体依仁。"这是乾隆皇帝写在大殿之上的诗句。引起我兴趣的却是"示俭草"这几个字。

据《昨非庵日纂》记载，元世祖忽必烈为了记住太祖创业的艰难，不让天下陷于奢侈糜乱之困，特遣人在寝宫附近挖得一株青草，植于紫禁城内丹墀前，并亲自为它取名"示俭草"，以示节俭。乾隆在诗中就引用了这个典故，以"草青思示俭"的追忆，表明了自己思慕俭朴生活的一时心性。

顿时，我的思绪飘然纷飞到了一千多年前的北宋，那时的大才子司马光曾写过一篇《训俭示康》。也许人们对司马光印象最深的，是他7岁时"砸缸救人"的机警，其实，司马光的示俭美德，才是他智慧的大成之所。

《训俭示康》就是司马光写给儿子司马康的一篇家训。司马光因为看到当时讲排场、摆阔气的糜颓之风越演越烈，因而想到此后的世道早已不寒而栗，于是对自己的儿子做了这个千古流传的训诫，谆谆教导他一定要崇尚节俭之美德。

在司马光所处的年代，奢侈之风大行，当差的走卒穿的衣服和士人差不多，下地的农夫也脚上穿着丝鞋，许多人为了酬宾会友"常数月营聚"，大操大办。这种习气上的破败，让熟悉历史的司马光感到深深的焦虑，于是就用西晋何曾和石崇的例子来训诫自己的儿子。

第二章 财富崇灵魂：如何做人是最大的道理

历史上有三个短命王朝，除了秦和隋朝外，就是西晋了。若论奢侈之风，当以西晋为甚。太傅何曾每天光饭钱就上万，还说没有可下筷的菜，驸马王济用人乳喂猪，喂大后再用人乳蒸而食之。这就是史书上说的"日食万钱，犹曰无下箸处"。

何曾的子孙在他的影响下，也是奢侈成性。他的儿子何劭，"骄奢简贵，亦有父风"，"食必尽四方珍异，一日之供以钱二万为限"。他的另一个儿子何遵，"性亦奢汰"，极为奢侈。何遵之子何绥，"自以继世名贵，奢侈过度"。何遵另一子何机，"性亦矜傲"。何遵之第四子何羡，"既骄且吝，陵驾人物，乡闾疾之如仇"。到晋怀帝"永嘉之末，何氏灭亡无遗焉"。由于何曾的影响，至使子孙后代倾家毁业，亡族灭种。

晋朝开国功臣石苞之子石崇，早年做过荆州刺史，财产丰积，室宇宏丽，官至太守，封安阳乡侯，应该算是当地的首富了。他与晋武帝的舅父、后将军王恺斗富，更达到登峰造极的地步。

石崇听说王恺家里洗锅用饴糖水，就命令他家厨房用蜡烛当柴禾烧；王恺在他家门前的大路两旁，夹道四十里，用紫丝编成屏障，石崇就用比紫丝还贵重的彩缎，铺设了五十里屏障；石崇家用香椒泥来装修房子，王恺就用赤石蜡涂墙。

在一次宴会上，王恺把晋武帝赐予的珊瑚树搬出来在石崇面前显摆，石崇随手拿起一个铁如意把那株珊瑚树砸了，之后让人把家里的珊瑚树都搬来让王恺挑。石崇宴请客人，常令美人劝酒。如果客人不能喝得酩酊大醉，那就是美人们失责，必推出大门一斩而后快。

后来,赵王司马伦专权,看上石崇一美妾,要据为己有,石崇不肯,后被司马伦的心腹孙秀以假招收捕杀害,石崇的母亲及妻儿十五人皆被害死。石崇的悲残结局,史书称为"以奢糜夸人,卒以此死东市"。

国人的好奢侈,似乎烟火不断,到了宋朝莱国公寇准,以豪华奢侈为一时之冠,只是因为他辅佐宋真宗功业很大,世人不敢指责他。寇准在邓州做知州时,经常大摆宴席,通宵达旦地饮酒作乐,还不点油灯,全用蜡烛。在1000多年前,蜡烛也是奢侈品,即使是有钱人也舍不得用,而邓州衙门里的马棚、厕所统统灯烛通明,每次宴会结束,厕所里都是成堆的烛泪。寇准的子孙也继承了他的这种奢侈家风,后来他的后代大多数都穷困潦倒了。

司马光示俭教子,不是光说不练,而是身体力行。他那"头悬警枕,忧国忧民"的故事,堪称后人的典范。相传,司马光结婚后,常常不进卧室休息,而是独自在书房里过夜,且头枕木枕。有一天,司马光的好友范镇来访,夫人便将自己独守空房之事讲了出来。迫于无奈,司马光只好当着好友的面讲出实情。

他说:"食君之禄,为君之臣,理应为国效忠,为民尽力。我怕自己只图享受,忘了国家的忧患;只图当官,忘了百姓的疾苦。便让木匠用圆木给我做了个枕头,每当它一滚动,我就会从梦中惊醒。然后静坐书案前,想想当天哪些事情没有办好，以便第二天补救。我以为，只有时时刻刻挂民在心，战战兢兢当官，才能不负朝廷。"

司马光为官十分俭廉，"平生衣取蔽寒，食取充腹"。儿时他就"不喜华靡"，"长者加以金银华美之服，辄羞赧弃去之"。20 岁中进士，宫中搞庆祝宴会，每个当朝进士都要头戴三枝宫花，只有他"闻喜宴独不戴花"。同年曰："君赐不可违也。"他只好在头上簪了一枝花。

司马光自己生活简朴，也要求儿子"以俭为美德。"儿子司马康长到十六七岁时，就显出了超常的才能，作文吟诗，谈古论今，见解颇有独到之处。灵秀之气外露，十分英俊，令母亲万分喜爱，想在穿戴上给儿子着意打扮一下，给他做了一件昂贵的葱绿长袍。司马光看到这些，心里很不安，便写了一首诗送给儿子，诗曰：

> 清晨着绿袍，罗拜北堂高。
> 积善因先烈，余光及尔曹。
> 勿矜从事早，当念起家劳。
> 修立皆由己，何月可佩刀？

司马康读了父亲的诗文，心情沉重得好几夜没睡好觉。于是，下决心潜心读书，修身养性。即使是这样，司马光对儿子还是不放心，又根据自己的亲身经历和所见所闻，写了那个《训俭示康》，"当以训汝子孙，使知前辈之风俗"。

据说，司马康在读到这篇《训俭示康》时，忍不住流下了眼泪。此后，他一生始终把父亲的这篇家训，当作做人的镜子，用来鞭策自己。这样，司马康从小就懂得了俭朴的重要性，并以俭朴自律。他历任校书郎、著作郎兼任侍讲，以博古通今、为人廉洁和生活俭朴而称誉于世。

"历览前贤国与家，成由勤俭败由奢。"这是唐代大诗人李商隐写下的警世名言。这不仅是对历代王朝兴亡更替的总结，也为无数名门望族的盛衰荣辱找出了实证。在历史上，许多开明的封建帝王及有远见卓识的士大夫，无不把勤俭视为持家守业的金科玉律。在今天看来，司马光的示俭，也是很有现实的积极意义的。

历史总是惊人的相似，这些历代的奢靡之风，从富二代身上可以看到它的影子。开名车，穿名牌，吃大餐，摆排场，挥霍无度，奢侈成性，这只是他们的表象，其结果只能使他们成为不肖子孙，将富一代打下的江山毁灭在他们手中。

小节折射大行。一个人对待物质生活的态度，直接关系到他事业的成败和家业的兴衰。生活上追求奢侈，必然会有过多的个人欲望。物质欲望过于强烈没有节制，往往是事业或家业堕落衰败的开始。中国富二代的集体迷失，就是一个很好的例证。

3. 曾国藩的《家书》

曾国藩是中国近代史上一位颇有争议的人物，可以说是毁誉参半，且不说毁者对他的评价，誉者则称他为"古今第一完人"。一般来说，对一个历史人物的盖棺定论，百年足矣，可这么多年过去了，人们对曾国藩的热情非但没减，反倒与日俱增。即便是不同思想阵营的人，对他的评价也是充满了敬佩之情和溢美之词。

蒋介石说："平生只服膺曾文正公。"他的案头摆放着两部必读之书：一部是《圣经》，这是为了取悦信奉基督教的太太宋美龄；另一部便是《曾文正公全集》，这才是他的独钟之情，此书他竟反反复复读了数十年。

毛泽东认为，在近代中国，真正探得"大本大源"、达到超凡入圣境界的，只有曾国藩一人。一生没服过什么人的毛泽东，却也是"独服曾文正"。毛泽东把历史上的名人分为两种人：一是"办事之人"；另一种则是"传教之人"，前如诸葛亮、范仲淹，后如孔丘、孟轲、朱熹、陆象山、王阳明等，而对范仲淹、曾国藩他则认为既是办事之人又是传教之人，直到晚年，他仍称曾国藩是"地主阶级中最厉害的人物"，可见他在毛泽东眼里的份量是非同寻常的。

曾国藩是个曾经影响了历史进程的人。在清王朝由盛转衰的年代，曾国藩力挽狂澜，一度出现了"同治中兴"的局面，可他却并不居功自傲，这是很难得的。但在太平天国失败后，由于清廷对权重势大的曾国藩极度猜忌，曾国藩为表明心迹，就写了这部不同寻常的家书。

曾国藩写家书，写得跟其他人不一样。从道光二十年到同治十年，历时30年，洋洋洒洒，蔚为大观。现存的家书就有1000多篇，这些家书中的220多篇都是在朝廷或戎马倥偬中写给他的儿孙子侄们的，充满了父辈对后世儿孙们的谆谆教诲和殷殷情愫。

近人认为，曾国藩写家书，耐人寻味之处，既在书里，更在书外，直到100多年后的今天，人们似乎才了然曾国藩的这番良苦用心。因为功高震主，危及自身，他写家书，是间接地向朝廷表心迹，避免杀身之祸，可见曾国藩的做事，确有过人之处。

这当然是后人的猜测和推断，只能算一家之言。但不管怎样，曾国藩的教子成功，却是不争的事实。著名历史学家钟书河先生曾说过，曾国藩教子成功是个事实，无法抹杀，也无须抹杀。

孟子说：君子之泽，五世而斩。纵观古今，名门望族能够传到五代的少而又少，但曾氏家族至少在五代之内，代有英才，可谓是长盛之家了。据调查，曾国藩及其四兄弟的曾氏家族，绵延至今190余年间，共出有名望的人才240余名，没有出一个纨绔子弟。如此长盛之家，在古今中外皆属罕见。

曾国藩有两个儿子曾纪泽和曾纪鸿，虽然门庭显耀，但都很有修养。曾纪泽诗文书画俱佳，又以自学通晓英文，成为清朝著名外交家。在处理西北边境危机中，曾纪泽凭着其斗志和谈判艺术舌战强敌，从沙俄手中夺回了伊犁城，从而取得清末外交史上唯一的胜利。

次子曾纪鸿喜爱自然科学，在古算学研究上造诣很深，只可惜中年早逝。曾家不仅其子成材，更令人叹服的是，其孙辈还出了曾广钧这样的诗人，曾孙辈又出了曾宝荪、曾约农这样的教育家和学者。

这一切不能不归功于曾国藩的教子有方。他到底有什么良方秘籍教子？归纳起来，大约以下几点：

第一，将侯府改名为"八本堂"，以家风教子。

曾国藩教子方略为：以八本为经，以八宝为纬，以四字要诀、三致祥、三不信穿插其中，经纬连贯，脉络相通，形成一套治家教子的传世方略，从而为曾家培养出了一代又一代的好儿女。100多年来未出一个纨绔子弟，这是曾国藩"修身，齐家，治国，平天下"之中的最大成功。

何谓八本？即读书以训诂为本，诗文以声调为本，事亲以得欢心为本，养生以少恼怒为本，立身以不妄语为本，居家以不晏起为本，居官以不要钱为本，行军以不扰民为本。

何谓八宝？即书、蔬、鱼、猪、早、扫、考、宝；三致祥，即孝致祥，勤致祥，恕致祥；三不信，即不信僧巫，不信地仙，不信医药；四字诀，即勤俭孝友，即勤劳俭朴持家，孝敬父母长辈，友好兄弟姐妹，团结左右邻居。

为了教育后代，曾国藩将在家乡双峰荷叶堂所建的乡间侯府命名为"八本堂"，并将其内容刻于其匾额之上以宣示后人。它是集古今中国家教思想之大成的、最系统最科学的家教殿堂。据说，毛泽东在革命初期亲自制定的三大纪律八项注意训令，其中一些思想就来源于此。

祖祖辈辈出身于农民的曾国藩，从小受家庭影响，半耕半读发奋苦学成材，后因战功卓著封侯拜相官至极品，赢得满族荣华。但他时时处处谦虚谨慎，再三告诫子孙后代必须"半耕半读，勤俭持家，以继承祖先的优良传统"。要他们亲自参加打草、捡柴、拾粪、插禾、锄地、收割等农事劳动，不许仗势欺人，不许使婢差奴。

曾国藩对祖父星冈公遗下的治家八字诀甚为推崇："书蔬鱼猪，早扫考宝"。鱼跃于渊，天机活泼，自然有一种生气。早早起来，打扫庭院，祭祀祖先，善待亲邻，这样的家庭，岂有不旺相之理！曾国藩也告诫儿子说："养鱼、养猪、种蔬、种竹四事，皆不可忽，望其外有一种生气，登其庭有一种旺气。"

曾国藩直到封侯拜相，他的家庭生活，仍然和青少年时期当农民一样，克勤克俭，戒骄戒躁，从未丝毫骄奢，这是许多人都不易办到的。

为了防止家中子孙沾染不良品性，他反复教育孩子戒除骄奢，提倡勤俭。曾国藩在京城的时候见到不少高官子弟奢侈腐化，挥霍无度，胸无点墨，且目中无人。因此，他不让自己的孩子住在北京、长沙等繁华城市，要他们住在老家，并告诫他们：饭菜不能过分丰盛；衣服不能过分华丽；门外不准挂"相府"、"侯府"的匾；出门要轻车简从；考试前后不能拜访考官等。

第二，勤与俭，名门望族延续下去的试金石。

在曾国藩看来，要教育孩子立足社会，并让这个家族能够一代一代地延续下去，关键就是他总结出来的两个字：勤与俭。它们是名门望族能否延续下去的试金石。曾国藩对于勤和俭与教育孩子的十六字诀是："家俭则兴，人勤则健，能勤能俭，永不贫贱。"

先说勤。曾国藩认为子女教育中"以习劳苦为第一要义"。他提倡勤理家事、勤奋学习、勤劳工作，反对奢侈懒惰，"不可厌倦家常琐事"。针对子弟生长于富贵家庭、惯于养尊处优的特点，曾国藩特别强调戒骄奢、倡勤俭、主敬恕、不忘本。他认为"居家以不晏起为本"，从不准许子女睡懒觉。在家里男要扫地、种菜，女要做饭、织布。妻子女儿跟他同住江宁（今南京）两江总督府时，他规定她们白天下厨做饭菜，夜晚纺纱织麻到深夜，而且天天如此。

他还告诉儿女、家眷："今家中境地虽渐宽裕，且有福不可享尽，有势不可使尽。勤字工夫，第一贵早起，第二贵有恒。"他还要求："吾家男子于看、读、写、作四字缺一不可。女子于衣、食、粗、细四字缺一不可。"

再说俭。曾国藩认为"家事忌奢华，尚俭。"他自己的日常饮食，总以一荤为主，非客到，不增一荤。其穿戴更是简朴，一件青缎马褂一穿就是30年。传说曾国藩吃饭的时候，一旦碰到饭里有带壳的谷物，他不扔不弃，而是将壳磕开，把里面的谷物吃掉。在一封家信中，他对自己的长子曾纪泽有这样的要求：每天早晨天未明就要起，起床之后的第一件事情是去洒扫庭院，然后坐下来练字一千，而第一个字一定要写"俭"。

曾国藩在两江总督任上时候，有一天去扬州一个盐商家做客。那时的盐商可说是富冠天下的。曾国藩面对满桌子的山珍海味，只是低头吃自己身边的一点东西，吃过饭后，属下问他，大人你是不是对这一桌子饭感觉不可口，曾国藩说了一句话让大家非常吃惊："一食千金，吾不忍食，吾不忍睹。"

曾国藩见不得孩子身上带有太贵重的东西。他的小女儿晚年留下一个年谱，其中记载了这样一件事情：曾国藩小女儿入总督府时，穿了一件蓝色的小夹袄，下边穿了一条缀青边的黄绸裤，还是她的过世长嫂留给她的。但就是这条带青色花边的裤子，曾国藩也觉得太华贵了，说她不应该穿这样的裤子，让她赶快换掉。小女儿赶紧回到房间换了一条没花边的绿裤子。

曾国藩曾给儿子曾纪鸿写信说："凡世家子弟，衣食起居，无一不与寒士相同，庶可以成大器；若沾染富贵习气，则难望有成。"曾国藩受封侯爵时，纪鸿正赴长沙考试，他特意写信告诫儿子:"尔在外以谦谨二字为主,世家子弟,门第过盛,万目所属。……场前不可与州县往来,不可送条子,进身自始,务知自重。"

曾国藩教子之道,直到今天还给我们以非常重要的启示。早在一百多年前,他已谨防儿子们沾染今日风行的"我是某某的儿子、""我是某某的女婿"……以家势捞官、捞钱、捞文凭的恶习了。所以如此,因为他深知:"天下官宦之家,多只一代享用便尽,其子孙始而骄佚,继而流荡,终而沟壑,能庆延一二代者鲜矣。"

第三,不给子孙留下太多物质遗产。

曾国藩曾在一封家书中说:"仕宦之家,不蓄积银钱,使子弟自觉一无可恃,一日不勤,则将有饥寒之患,则子弟渐渐勤劳,知谋所以自立也矣。"人的本质本有好逸恶劳的一面,如果父母蓄积足够的钱物让子女花销,他为什么还去吃苦呢?结果只能坐吃山空;如果"一无可恃",则逼得他们去奋斗、去谋生、去立业,结果能成大器。

曾国藩认为,要想保持家道的兴盛,首要的一条,就是不给子孙留下大笔遗产。所以,他不准子女积钱买田,衣勿华美。对子女的婚姻,他认为品德为上,联姻"不必定富室名门","居家之道,不可有余财"。

他的祖父曾玉屏在世时,常常讥笑那些喜欢积攒私财的人家,他认为积攒私财是败家的征兆。曾国藩十分信服曾玉屏的看法。1854年2月上旬,曾国藩的父亲让曾国藩写了一副对联挂在厅中，对联的内容是：有子孙有田园家风半读半耕，但以箕裘承祖泽；无官守无言责世事不闻不问，且将艰巨付儿曹。

对此，曾国藩十分推崇。他说："身居京官，总以钱少产薄为妙。"曾国藩没有大笔财产，但绝不是没有财产，他老早以前就已经在思考如何处理他的遗产。他觉得与其给子孙留下大笔遗产，不如教子孙走入正道。他说如果子孙卑鄙自私，心胸狭隘，一旦误入歧途，将来必定锱铢必较，那就无法挽回了。

他对于自己的钱财有着清醒的认识，他让弟弟曾国潢将自己家乡的五马冲田产设法出手，可以捐作元吉公的祭田，或者作星冈公的祭田，也可以转售他人，所得的财产可以作家中日常生活的开销。

他在《致澄弟》的信中说：我觉得我们弟兄身处这样的年代，名声远扬，应以钱少，产业少为好。一则可以平日里避免别人看了抱着掠取的期望，有动荡的时候也可避免遭抢掠。二是子弟之辈看到家中窘迫的情况，也不至于一味讲究奢侈了。

曾国藩曾对子侄说："银钱田产，最易长骄气逸气。我家中断不可积钱，断不可买田，尔兄弟努力读书，决不怕没饭吃。至嘱。"由于曾国藩对家族家训能够发扬光大，言传身教，勤于教诲与督导，才使得曾家人才辈出，兴旺发达。

4. 德国人让孩子做完整的人

"你若失去了财产，你只失去一点；你若失去了荣誉，你就丢掉了许多；你若失掉了人格，你就把一切都失掉了。"从这句德国家喻户晓的名言中，不难看出德意志民族所崇尚的精魂是什么。

早有耳闻，德国有一种传统，无论怎样的家庭，孩子到了18岁，第一件要做的事，就是独自出门远行——放在孩子口袋里的钱很少，但是希望他走的路却很远。

可在中国，有几个家长愿意孩子受这样的磨砺呢？尤其是富足家庭，想得更多的是给孩子置业，根本就没有"18岁独立成人"的意识。这就造就了孩子特别依赖父母，没有独自的生活体验和社会阅历。于是，当有大量金钱可以支配的时候，就很容易迷失方向，作各种危险的尝试。中国的子女独立难，而"富二代"的独立，更是难上加难。

"把孩子培养成一个完整的人"，这让第一次触及德国教育的我为之而感到震撼，并由此怀着求之若渴的心情去探索德国教育。

○ 生活教育

德国儿童教育的特色是把教育的责任归之于父母，认为儿童阶段父母是家庭教育的主人。

德国父母教育孩子的方式虽然理性，但他们疼爱孩子之心却一点不亚于中国人，只是他们把所有心血都倾注在培养孩子的品行和能力上。

德国孩子一诞生就被视为家珍，受到父母的高度重视，父母急着要做的一件事就是给亲友寄"诞生卡"。

等孩子稍微长大点，很多家庭就会定期给孩子一些零花钱，并教孩子理财。这样，德国孩子从小就会理财并且更懂得生活。

德国人善于抓住孩子生活中的过失，随时随地进行教育，决不姑息和迁就。因为他们的教育针对性强，很少空谈大道理，所以往往更具实效。

朋友邻居家9岁的约翰尼是个小足球迷，好不容易盼来了崇拜得五体投地的巴拉克的球赛，他激动得几天都没睡好觉。逃学去看球赛那是想也不敢想的，因为德国的每个孩子都知道，不上学除非不想活了。幸好同是球迷的父亲答应陪他周末一起去看最后一场球赛。倒霉的是约翰尼因为一心系着球赛，把记事本给丢了，结果到要出发时，约翰尼还落下了几件必须做的事没做，父亲望着手忙脚乱的约翰尼，只说一句话：你是放弃球赛还是赶紧把该做的事情做好？约翰尼知道即使求情也无法通融，他只好对着重新准备的记事本，把落下的几件事做好。好不容易出了门，约翰尼巴不得飞到赛场上去，在经过一个几乎没有车辆和行人的路口时，红灯亮了，约翰尼为了赶时间，催促父亲闯过去，同是急着想看球赛的父亲反而趁机给他灌输交通规则。从此以后，约翰尼再也没有丢过德国人几乎是从小学生到家庭妇女都有的记事本，而且每次过路口都记得提醒周围人不要闯红灯。

○**动手教育**

德国男人享有"世界上动手能力最强的男人"的美称，这是因为他们从小就不被娇惯。

德国儿童善长做家务在西方世界里十分出名，因为德国父母普遍愿意为孩子提供种种尝试的机会，他们明白一个浅显却又被许多人忽视的道理——没有足够的尝试，也就不可能取得最后的成功。

孩子从能抓勺子起，就是自己吃饭、系鞋带、扣纽扣之类复杂点的事也是很小就开始自己动手。到了6岁以上就得帮助父母做家务，如果想要买玩具或者书，那他们只能通过自己的劳动去赚取。每逢节假日，很多孩子便骑着自行车，挨家挨户送报纸。

很多德国家庭都有"小工厂"，从简易工具到现代化工具，从木工、瓦工工具到钳工、焊工工具应有尽有。一般家庭的设施安装，房屋装修，到各项修理工作以及花草的种植与修剪等，都是自己完成。他们虽然看上去很辛苦，但也充满着生活的乐趣。

德国人能力强、热爱劳动，不仅体现在自己家，他们也经常参加各种形式的义务劳动。德国学校规定：学生必须每周有两小时以上的义务劳动才能算品行合格。

○挫折教育

昨日接到朋友电话，她伤心欲绝地述说着女儿因失恋跳楼导致高位瘫痪的遭遇，我听得心惊肉跳，想安慰她又觉话难以说清，不由得想起近来连续几次看到媒体报道国内青少年因琐事跳楼自杀事件，心情格外沉重。

记得一位心理学家说过："有幸福童年的人常有不幸成年。"因为遭受挫折少的孩子长大后会因不适应社会的激烈竞争及复杂多变而深感痛苦。

在德国，无论是家长还是学校，都有意识地培养孩子的抗挫折能力。

在很多富裕的德国家庭里，父母给孩子的零花钱都抠得很紧，孩子需要买书和玩具，就得自己去挣。如果出门忘了带东西，父母也不提醒，只是在孩子得到教训后，才帮他们分析原因。

学校会带孩子们去青少年法庭听审，还会组织孩子参观殡仪馆，甚至让孩子们轮流扮演角色，模拟诸如父母因车祸身亡时如何应对。通过这样的课程孩子们体验了突然成为孤儿的感觉，这有助于他们体验遭遇不幸时的复杂心情，以及怎样控制情绪。

德国政府还经常组织"磨难营"，目的是培养孩子的吃苦精神、团队意识以及正视挫折的态度和在黑暗中看到光明的能力。

翻开德国的教材,在《语文》、《数学》、《社会》等多种课本里,不仅有"阳光"的内容,还涉及了社会的"阴暗面",如种族歧视、违法犯法等。其宗旨是引导学生思考和解释各种社会现象。

○ **善良教育**

德国是两次世界大战的"罪魁祸首",曾给历史留下了难以抚平的创伤。所幸的是德国各阶层能够深刻反思这段历史,甚至因此格外重视孩子善良品质的培养,并将其列为德国教育的有机组成部分。

越来越多的德国人已有这样的共识:小时候以虐待动物为乐的孩子,长大了往往更具暴力倾向。所以,许多德国人把爱护动物作为幼童接受"善良教育"的第一课。在孩子刚刚学会走路时,就特意为孩子喂养了小狗、小猫、小兔、小金鱼等小动物,并让孩子在亲自照料小动物的过程中,学会体贴入微地照顾弱小的生命。幼儿园也饲养了各种小动物,由孩子们轮流喂养,还要求孩子们观察小动物的成长、发育和游戏。德国的小学生还热衷于用自己的零花钱来"领养"动物园里的动物,或捐款拯救濒临灭绝的动物。德国的中小学普遍开展着有关"善待生命"的讨论或作文比赛。

同情、帮助弱小者也是德国人对孩子进行"善良教育"的另一重要内容。在成人社会的倡导、鼓励下,孩子们帮助盲人、老人过马路早已蔚然成风,为身有残疾的同学排忧解难也时有所见。

德国人普遍认为"宽容待人"也是"善良品质"的一方面。

对孩子进行"善良教育"时,德国人还十分重视"反面教员"的作用。对那些中小学校校园里出现的恃强欺弱的所谓"小霸王",校方的反对态度非常鲜明。据悉,凡经2次记过仍不思悔改的"小霸王",校方即果断地予以开除,接着再由"不良少年管教部门"给予管教。对于影视节目中频频出现的暴力镜头,无论是教师还是家长,都十分注意引导孩子以"批判"的眼光来审视。德国制造的武器之精良举世闻名,但德国人并不赞成玩具商开发高科技"暴力玩具",更不支持孩子(特别是男孩)与玩具枪炮、坦克为伴。因为德国研究者已找到了越来越多证据证实:小时如经常用玩具"模拟杀人",长大后难保能成为和平人士。一些联邦议员也指出:让德国男童少与玩具枪炮为伴是"明智"之举。也许,还能预防德国重蹈"历史覆辙"!

5. 英国人从小注重训练绅士

尽管英国也有个和美国"山姆大叔"一样的不雅绰号"约翰·牛",却没影响人们把英国看成是个培养"绅士的国度"。

有次在朋友的博客里看到这样一段话:"如果,全世界的男人让我挑,我一定首选"约翰·牛"。二次世界大战的时候,德国人轰炸伦敦,市民们都往防空洞里跑。一到防空洞口,男人们就不约而同地停下说:"女士们先进去。"这就是英国绅士的风度,一个从来不会给别人带来痛苦和麻烦的群体,他们总是用一种最优雅的方式将诚实、温和、慷慨、勇敢、睿智表现出来。不信,就去看看《泰坦尼克号》!"

一部《泰坦尼克号》不知看过多少回,每次看都要赔进一盒纸巾。其恢宏的气势、优扬的配乐、浪漫唯美的爱情、感人至深的细节无不让人欲罢不能。

在泰坦尼克号开始沉没的时候,那些绅士们,没有一个去抢数量有限的救生艇,他们尽量让妇女儿童先上,自己排在最后等候,以至于失去最后的获救机会。

其中有位富商把妻子送上救生艇后,自己到船舱穿上燕尾服后再回到甲板,拿起烟斗慢悠悠地吸起烟来。那神态仿佛是送别了出去旅游的妻子、回到自己家中一样。不是他对死神没有恐惧,而是他要象绅士一样体面地离去。

当船体慢慢倾斜、海水快要没过甲板时,几位琴师在慌乱的甲板上忘我地拉起琴来,他们不是没有感受到死亡的威胁,只是想为惊恐的人们送上最后一程。

当船沉没下去时,船长爱德华·约翰·史密斯大声喊道:"男人们,别忘了我们是英国人!"

凄美的画面!骄傲的声音!似乎注释了朋友对英国绅士的

赞赏。作为一部影片、人物、画面自不免有种种艺术夸张。但艺术来自生活真实，没有这样的生活原质，艺术夸张起来总不免有种种虚妄和蹩脚。

"绅士"一词与现代英语中的许多词汇一样源于拉丁语，意思是指：属于某一家族的男士。多少个世纪以来，英语中的"绅士"及其社会定义已经发生了很大的变化。它首次出现在文学作品中，是诗人杰弗里·乔叟的《梅里白的故事》中"一个为留下好名声而勤奋做事的人，毫无疑问他可以被称作是绅士"，几年以后，在他的《玫瑰的浪漫》中又有了另一个有趣的定义："他是一个绅士，因为他长期像绅士那样行事"。

工业革命开启了英国近代文明的曙光，使得一直远离欧洲政治文化中心的英国逐步培育出了区别于欧洲各国的绅士精神。1900年前后，英国绅士的概念：各种行为、品德包括优雅得体的谈吐、举止、永恒不变的谦逊以及面对重大困难时的从容、勇气等也开始明晰起来，它深深地植根于英国人的内心，并随着大英帝国的迅速扩张而名闻天下。

英国人的鲜明个性就是通过绅士风度这一民族精神体现出来的，绅士风度是英国文化的精髓，也是英国人的价值取向和努力方向。深受这种文化熏陶的英国人，在生活、工作、为人处事等方面都以此作为标准。

早些时候，曾经看到过这样一个故事：18世纪时一位有钱的英国绅士，走在回家的夜路上，正行间，一个蓬头垢面、衣衫褴褛的小男孩拦住他说："先生，请您买一包火柴吧。""我不买。"说着绅士躲开男孩继续走,"先生,请您买一包吧,我今天什么东西也没有吃呢。"小男孩儿追上来说。绅士见躲不开这男孩,便说:"可是我没有零钱呀。""先生,你先拿上火柴,我去给你换零钱。"说完,男孩拿着绅士给的一个英镑快步跑走了,绅士等了很久,男孩仍然没有回来,他只好无奈地回了家。第二天,绅士正在自己的办公室工作,仆人说来了一个男孩要求见他。于是男孩被叫了进来,这个男孩比卖火柴的男孩矮了一些,穿得更破烂,他站在那里说:"先生,对不起,我哥哥让我给您把零钱送来了。""你哥哥呢?""我哥哥在换完零钱回来找您的路上被马车撞成重伤了,现在家躺着呢。"绅士被小男孩的诚信所感动,立即拉着小男孩说:"走,我们去看你的哥哥!"到了男孩家一看,家里只有两个男孩的继母在照顾受了重伤的男孩。一见绅士,那受伤的男孩连忙说:"对不起,我没有按时给您把零钱送回去,失信了!"绅士被男孩的诚信深深打动了。当他了解到两个男孩儿的亲生父母早已亡故时,毅然决定把他们生活所需的一切都承担起来。

作为一个真正的绅士,他的品质并不取决于表面的时尚或礼貌,而取决于道德价值;不取决于个人的财富,而取决于个人的品德。在拥有金钱和地位的同时,还必须具有风度,这才是完整的。英国唯物主义哲学家 J. 洛克把良好的道德品质视作绅士人格的灵魂,因此,在《教育漫话》中,他给予绅士的道德教育极大的注意。

或许,不少人会以大英帝国当年对世界的疯狂掠夺与侵吞针砭说：你是在美化英国的"绅士风度"，他们的"风度"不过是世界强盗的遮羞布，是伪善的面纱！我只能说，这是两个范畴的话语，因为任何一种道德、哲理都有可能被强盗政客利用。就如同我们的孔孟之道也曾经千百年间被封建帝王盗用过一样，拂去肮脏的尘埃，美好的东西依然会亮出他的圣洁之光。

今日的英国家庭对孩子的家庭教育非常重视，按照"绅士教育"传统来教育孩子，仍是一大特色。

○不娇宠、允许家长体罚孩子

在对待孩子问题上，英国家庭和西方大部分国家一致的观点是：孩子永远不是中心。英国人普遍认为，对孩子的溺爱和娇宠是孩子独立性格形成的最大障碍。所以无论是富人家庭还是普通家庭，不论条件如何，绝对看不到对儿童的没有理由的娇宠。不管是对什么人，孩子必须懂礼貌，5岁以下的孩子不与大人同桌吃饭，不允许挑吃挑穿。如果故意犯错，将受到父母的训斥，包括身体的惩罚。英国的法律明确规定允许父母轻微体罚孩子，至今许多学校仍保留着体罚学生的规矩。

○独立意识伴随着孩子的成长

英国的年轻父母很少把孩子抱在怀里，让孩子随意爬、随意玩，即使摔倒了，也不会去扶他，从一点一滴的小事去训练孩子的独立能力。在公共汽车上，人们主动给老人、女士让座，却不主张给孩子让座。他们非常重视孩子的实践体验，给孩子失败的机会，从小就让孩子学会做家务，学会管理自己，不给别人添麻烦。让孩子在各种体验中培养自信心和责任心，并将自我意识塑造得完美无缺。

○**培养勇气，学会忍耐**

在英国幼儿教育中树立了这样的价值观：勇敢和坚忍是受人尊重的；懦弱、胆小、缺乏忍耐和自我克制是令人瞧不起、也是没有修养的。英国家长鼓励孩子参加各种探险活动。几乎所有的英国人都认为孩子应该懂得忍耐，因为现实的成人社会里有太多需要忍耐的事情。如果孩子受到伤害，即使他们大哭，也绝不会在父母那里得到安慰和同情，家长就是要让孩子自然养成坚忍的性格。

○**诚实不是孤立的品德**

英国中小学校里的道德教育不叫道德教育，而称"个人的社会健康教育"，或称"社会化过程"。他们认为："道德是被感染的，而不是被教导的。"核心道德观念是：尊重生命、公平、诚实、守信。目的是让他们懂得平常做人的基本道理，如何自律以融入社会，成为社会的一分子。所以，英国学校一般不设专门的道德教育课，但开设包括佛教和道教在内的各种世界主要宗教信仰课供以选修，这门课被认为是对孩子的品德和良知培养十分重要的一门课程。

不仅如此，多数英国学校每周都组织班级讨论，选取一些学校里或者社会上发生的事情，让孩子们发表看法，共同讨论，自己去领悟和判断对错与是非。集体游戏也是一种重要方式，让孩子们懂得顾及与体谅别人，懂得如何与同伴合作。英国学校还普遍鼓励孩子饲养小动物，组织学生到敬老院陪老人聊天、为慈善组织募捐及参加其他公益或环保活动，培养孩子的爱心和社会交往能力。在英国教育工作者看来，诚实不是一种孤立的品德，而是与自重和尊重别人、与对生命和大自然的爱紧密地联系在一起。

英国人普遍认为："把子弟的幸福奠定在德行与良好的教养上面，那才是唯一可靠的和保险的办法。"鉴于此，绅士教育便形成了一种传统，成为儿童教育的一种固定模式。

6. 美国人重视打造孩子的人生计划

高燕定先生的《人生设计在童年》讲述了一个迷人的美国教育故事，它向读者传递的一个理念是：在规范化的社会里，人生是可以设计的，而且应该从童年开始；有了科学、理性的人生规划，人们完全可以不凭机遇、不靠伯乐（后门），按部就班地、可预见性地获得自我认识意义上的、必然的成功。

美国是个移民国家，没有沉甸甸的历史，所以美国人大多思想开放，他们最聪明的做法是重视打造孩子的人生计划，早早为孩子的人生选定一个方向。高燕定先生以一个学者和教育工作者特有的资质，潜心观察、研究、思考美国教育，特别是中小学教育，从而催生了《人生设计在童年》这部书。他是否从比赛尔故事中得到启发，这不得而知，他的教育理念却是在美国梳理出来的。

《比赛尔》讲的是：在非洲西撒哈拉沙漠的深处，有一片与世隔绝的绿洲，当地人称之为比赛尔。从这儿走出沙漠一般需要三昼夜的时间，可是在肯·莱文1926年发现它之前，这儿的人没有一个走出过茫茫大漠。不是他们不愿意离开这个贫瘠的地方，而是无论他们怎么努力都没法走出去。莱文来到这里后，因为语言不通，只能用手语向这儿的人问其走不出的原因，结果，每个人的回答都一样：从这儿无论向哪个方向走，最后都还是转回到这个地方来。莱文当然不相信这种说法，他决定自己亲身做一次试验，于是从比赛尔村向北走，结果三天半就走了出来。

可比赛尔人为什么就走不出来呢？肯·莱文非常纳闷。为了探明这个原因，他雇了比赛尔一个叫阿古特尔的年轻人带路。肯·莱文收起指南针等设备，骑着骆驼跟在阿古特尔的后面。

10天过去了，他们已走了大约800英里的路程，第11天的早晨，一块绿洲出现在他们眼前，他们果然又回到了比赛尔。这次，肯·莱文终于明白，比赛尔人之所以走不出大沙漠，是因为他们没有方向意识，更无方向界标，他们甚至连最原始的北极星都不认识。

莱文第二次离开时仍然带走了阿吉特尔，告诉他白天休息，晚上朝着北方那颗星星走。阿吉特尔按照莱文教给他的方法出行，结果三天就走出了沙漠。

原来比赛尔人的不幸在于他们找不到行走的参照物，连方向都辨不清，怎么能找到出路呢？于是世世代代，他们只能被茫茫大漠和自身的无知所困困。所幸的是莱文给比赛尔人带来了幸运，带着他们走出了宿命和无知的困境，从那以后成千上万的旅游者给他们送来了物质和知识的财富，如今的比赛尔已成了撒哈拉沙漠中一颗璀璨的明珠。第一个走出沙漠的阿吉特尔因此成为比赛尔的开拓者，他的铜像被竖立在小城的中央，铜像的底座上刻着一行字：你的人生是从你确定的方向开始的。

这句智慧的箴言与美国流行的一条谚语"人生的旅途是从确定方向时开始的"很相似。美国的家庭教育所以致力于培养孩子的开拓精神和竞争能力，目的就是使其能够成为一个自食其力的人。美国的父母很重视从小培养孩子的独立能力、勤奋的品质，以及理财的观念，希望孩子学会生存，富有责任感，懂得赚钱、花钱与人分享钱财。他们自豪地把这种理财教育称作"从3岁开始实现的幸福人生计划"！的确，一个人的理财能力关系到他一生的幸福。理财教育不仅是一种财产管理分配的教育，在很大程度上还是人格、品德和诚信的教育，从小注重孩子财商的启蒙，培养孩子良好的理财观念和习惯，必将影响和改变孩子的一生。

美国对儿童的理财教育，是依据孩子的心理和重量特点进行的，并积累了一整套成功经验。他们对孩子的具体要求是：

3岁能够辨认硬币和纸币；4岁知道每枚硬币是多少美分；5岁知道基本硬币的等价物，知道钱是怎么来的；6岁能够找数目不大的钱，能够数大量硬币；7岁能看价格标签；8岁知道可以通过额外工作赚钱，知道把钱存在储蓄账户里；9岁能够制定简单的一周开销计划，购物时知道比较价格；10岁时懂得每周节约一点钱，以便大笔开销时使用；11岁知道从电视广告中发现事实；12岁能够制定并执行两周开支计划，懂得正确使用银行业务中的术语。12岁以后以至高中毕业阶段，则鼓励孩子去做一些购买股票、债券等投资活动和利用业余实践从事打工或商务的赚钱实验，从而为以后的社会人生作好充分准备。

除了理财教育，美国人还让自己的孩子从幼小时候开始，在丰富多彩的活动中获得各种人生体验，在丰富的体验中认识自己，寻找自己喜欢的职业方向，明确自己的未来人生。他们在学校里学到的东西，既是自己喜欢的课程，也是为自己的职业做准备的内容，更是在为自己一生的幸福做准备。

为了提高他们的职业意识、探究他们的兴趣，美国孩子在进入高中后，学校会对他们的未来进行规划和提供准备进入某一职业的课程，人生设计计划就是帮助中学生思考自己未来的课程之一。人生设计计划包括对学生的技能、态度和兴趣评估的结果，学生在1－6年级时应该有职业关注，在7－8年级时参与职业调查，在9－12年级时参与职业体验，以作为对他们个人教育计划的支持。

位于宾西法尼亚的乔治亚中学，被誉为中学阶段人生设计计划最成功的学校。该校职业生涯教育项目的目标是帮助学生回答三个问题：我是谁？我要去哪里？我怎样到达那里？这个项目允许学生通过一个系统的过程发展计划他们的未来，帮助他们认识各自的兴趣和天赋，了解教育成就和工作环境的关系，从各种各样的资料中得到职业信息，懂得技术社会对高素质工人的需求，理解和实施决策及人生设计计划，了解非传统工作机会和性别平等，熟悉中学课程和项目，最后懂得学习是一个终身的过程。

从美国国家职业信息协调委员会制定的《指导方针》中，我们看到了从童年时代就开始的人生设计、职业规划是科学的，而且是人性化的，是一种应该认真学习、大力提倡和引进的先进教育方法。

7. 犹太人对孩子进行理性教育

曾经受文学作品《威尼斯商人》的影响，对犹太人印象非常不好，总觉得他们代表的就是唯利是图、冷酷无情的高利贷者。等到略微了解了一些世界历史才知道，犹太民族为世界文明做出了巨大的贡献，在经济、科技、思想、文化、教育、服务等各个领域中贡献出了一大批杰出的天才：像思想家马克思、革命家列宁、心理学家弗洛伊德、科学家爱因斯坦、画家毕加索、经济学家大卫·李嘉图、富豪洛克菲勒这样一大批成就辉煌、享誉国际的名人。几十年来,诺贝尔奖的得主,犹太人所占的比例远比其他民族高。

犹太这个多灾多难的民族,两千年没有祖国,到处流浪受尽颠簸欺压之苦,不仅没有被消亡,而且在各个方面都取得了巨大成就,其中一个重要原因就是他们对教育的高度重视。他们对孩子进行的理性教育非常值得望子成龙的中国家长们借鉴。

○独特的家庭早期教育

犹太妇女的就业率与其他民族相比是最低的,其原因就是犹太妇女在有了孩子之后,一般都在家教育孩子。他们认为早期教育决定孩子一生,决不把自己的责任寄托在幼儿园和学校,这也是犹太人教育成功的根本点。

在犹太人的家庭里,孩子很小的时候就开始背诵经书,成了不变的定律。因为孩子小不能理解经文的意思,只是让他们根据犹太人的特殊方法来诵读经文。除了抑扬顿挫地朗读,还要按一定的节律左右摇摆。他们一边用手按着经书,一边动用所有能想到的身体器官,按照经文的意思,将自己完全投入进去。这种做法,大大锻炼了孩子们的记忆力,从科学角度说,在孩子时期经常使用大脑,可以促使神经树增加,提高大脑各种能力。所以,犹太民族又被称为全球学习能力最强的"记忆民族"。

犹太孩子稍懂事,母亲就会翻开《圣经》滴一点蜜在上面，然后叫孩子去吻，让孩子从小知道书是甜的，对书留下美好印象。犹太人家庭还有一个世代相传的传统，那就是书橱要放在床头，放在床尾就会被认为是对书的不敬。犹太人是禁止焚书的，即使是攻击自己的书也要爱护。在古代，书籍实在太旧，脱落得不能读了，父母就带着孩子，把书葬了，并且告诉孩子，书也是有生命的。所有这些都是为了让孩子从小懂得，书是智慧的源泉。

尽管犹太民族在五千多年的发展历史中，大多过着颠沛流离的流浪生活，但是他们竭尽全力给孩子营造一个良好的教育环境：物质环境由家庭经济条件而定，主要是满足孩子学习所需的用品；心理环境则要求父母给孩子营造一个充满温馨和爱的家庭氛围；道德环境需要父母讲究科学的家教方法，并以身作则，通过言传身教，把社会的道德准则，做人的道理及父母的良好品格传给孩子。

几乎每个犹太人都明白，教育环境直接影响孩子的成长，所以产生了很多寓言故事来说明教育环境的重要性。其中有个《两只鹦鹉》的故事，广为流传：森林里，两只小鹦鹉的妈妈出去觅食了，它们一只落入猎人之手，另一只则被一个云游四方的仙人带走了。猎人见小鹦鹉伶俐可爱，就把它关在笼子里，每天还教它说话。而那只随仙人而去的小鹦鹉运气非常好，没多久就学会了很多礼貌用语。一天，国王去森林打猎，经过猎人木屋时，猎人的鹦鹉见了，立刻发出了尖利的叫声：主人，来了一个骑马的人，快点把他逮住，杀了他！国王听见赶忙从另一条路上跑了。他骑着马，带着卫兵来到了仙人隐居的地方。仙人的鹦鹉见了他马上和声说道：尊贵的客人，请喝点水，休息一下吧！国王听了非常吃惊，同是鹦鹉，为什么见到他的态度差别这么大呢？

拉比（犹太教口传律法的教师）告诫世人的话给出了这个答案：近恶者沾染恶习，近善者习修美德。

○性格教育

由于犹太人长期遭受严酷的迫害，这就磨砺了他们的意志，也增强了犹太民族的凝聚力，万分艰难困苦的环境更铸就了犹太人特有的性格。

在犹太人对孩子的性格教育中，独立性是首要强调的。当孩子四五岁时，父亲把他放在高凳上，让他一次一次往下跳，父亲在旁边伸手将他接住。当有一次孩子往下跳时，父亲没有伸出他有力的臂膀去接孩子。他看着摔得哇哇直哭的孩子，告诉他除了相信自己，谁也不可信，包括自己的父母。美国犹太后裔洛克菲勒小时候就接受过这种教育。犹太孩子就是在这样一种非常现实的理性教育中，逐渐学会独立。

自信是父母送给孩子的最好礼物，拥有充分自信的孩子，往往追求理想的决心更坚定，比一般的孩子更容易获得各方面的成功。犹太父母就比较注重孩子自信心的培养，经常会给孩子们讲些增强自信心的故事。阿尔伯特·爱因斯坦，小时候不但不是天才或神童，甚至被人认为是傻瓜，他直到3岁还不会说话。但他的父母一直没有放弃对他的教育，只要他做了一点合乎情理的事就夸奖他。虽然他不太爱说话，他的叔叔却很喜欢他，认为他很聪明，小小年纪竟会对指南针感兴趣，于是教给他许多有关数学和电器方面的知识。爱因斯坦就是在这样一种充满爱的家庭环境中找到自信，并成为20世纪最伟大的物理学家。

历尽磨难的犹太人，不管面对怎样的处境，总是尽量以乐观的态度去对待。世界上，多数民族都将早晨作为一天的开始，而犹太人则是以太阳落山时为一天的开始。他们对孩子解释说："将黑夜作为开始的人，他的最后才是光明。"这样不仅教育孩子要先吃苦，后享受，而且还教育孩子要乐观地对待每一天。犹太人常对孩子说："有十个烦恼比仅有一个烦恼好得多，只有一个烦恼时，痛苦一定是深刻的。而有了十个，就不一样了。没有一个自杀者是因为有了十个烦恼而死的。"所以犹太人虽然苦难深重，但他们总是乐观应对，用智慧和乐观的态度去教育孩子，犹太孩子的性格也自然被教导得乐观了。

犹太人是世界上忍耐力最强的民族，如果没有这样一种超乎寻常的韧性，他们就不可能在2000年来的逆境中生存至今。经过几千年的磨炼，犹太人在恶劣的生存条件下，往往能表现得从容自信，保持一种特殊的心理承受能力，在他们身上，理智的力量远比情感的力量强大。《塔木德》中反复强调：要有耐心，忍耐暂时的挫折和不如意。犹太父母教育他们的孩子要有坚强的忍耐力，这样才可能取得成功。

犹太家庭不但重视知识，而且更重视才艺。他们崇尚创新，认为没有创新的学习只是一种模仿，是一头背着书本的驴子。学习应该以思考为基础，要敢于怀疑，随时发问。怀疑是开启智慧大门的钥匙，知道越多，就越会发生怀疑，而问题也就随之增加。所以，许多犹太人家庭里碰到放学的孩子，第一句话就是"你又提问题了吗？"有人称犹太民族是一个企图揭示自然和人类秘密的哲学家民族。喜欢思考宏观的、深层次的问题，喜欢抽象，喜欢逻辑，拥有永恒的探求心境，铸成了犹太人家庭教育的核心。

○智慧教育

《圣经》上有这么一个故事：上帝让所罗门从金钱、智慧、权利中选一样，所罗门毫不犹豫地选择了智慧。他凭借智慧生产、经商，使自己的财产富可敌国。同时，他又乐善好施，所以深得人心。当老国王病逝时，老百姓便推举他为希伯来的国王。他果然不负众望，创造了希伯来最辉煌的历史。

后来，犹太后代被人驱逐，失去了国家，也失去了土地，但是智慧和知识是任何人也夺不走的。直到今天，犹太父母在每个孩子小的时候都要问：如果房子着火了，你会带走什么？不管孩子选择什么贵重的东西，父母都会引导孩子回答：带走的是智慧！因为智慧是任何人都抢不走的。你只要活着，智慧就永远跟随着你。犹太人非常尊重知识，他们认为学者比国王还要受人尊重。但知识比起智慧来，犹太人还是更看重智慧。所以说，犹太民族是一个智慧的民族。

在希伯来语中，"塔木德"（Talmud）的意思是"伟大的研究"，这是一部犹太人作为生活规范的重要书籍，简直可以作为犹太人的生活《圣经》，它是犹太人智慧的源泉。《塔木德》告诉犹太人：智慧是我们最大的财富；只有胸中有墨，才有黄金万两；读101遍，比读100遍好！……

犹太民族广泛流传这样一个故事：在一艘远洋航行的船上，坐着一些腰缠万贯的富翁和一位两手空空的拉比。闲聊中，富翁们情不自禁地炫耀起自己的财富来。当他们互相争执得不可开交时，那位贫穷的拉比说出了自己的见解："要论财富呢？还是我最富有，只是现在我还无法证明这一点。"当船行驶到一半时，一群海盗无情地抢劫了这艘船，富翁们引以自豪的财富被洗劫一空，个个都成了身无分文的穷光蛋。海盗离去之后，这艘船因为缺乏继续航行的资金不得不停泊在一个陌生的港口。船上的乘客只得下船，凭借自己的能力去谋生。这位拉比因为有知识而被人们所器重，他被当地的居民请去当了老师，在他们的眼里只有高尚而幸运的人才能从事这一职业。而那些与拉比同船的富翁们却因不学无术，谋生无门，朝不保夕，艰难度日。后来这些富翁不得不对拉比说："还是你说的话对，拥有财富的人会一夜之间失去一切，而一个有学问的人会永远富有，你拥有学问等于拥有一切。"犹太人经常把这个故事讲给孩子听，就是要孩子从故事中懂得："知识是最可靠的财富"，"是唯一可以随身携带而且终身享用不尽的财产"。

○**财富教育**

犹太人在全世界人口中所占的比例仅为0.3%，但他们却掌握着世界经济的命脉。在经济高度发达的美国，犹太人所占比例仅为3%，但根据《财富》所评选出来的美国超级富翁中，犹太民族企业家却达到20%以上。而在全世界最有钱的企业家中，犹太民族占到了一半左右。美国人有句话：全球财富在美国人的口袋里，美国的财富在犹太人的口袋里。

为什么这个有着5000多年历史，且其中的2000年都是在流离失所中度过的民族，可以掌握世界上如此庞大的资产？为什么一个曾经没有国家也没有土地的民族却始终处于财富的顶峰？

我们已经介绍过的犹太智慧宝藏《塔木德》给出了答案：任何有价的东西都可以失而复得，只有智慧才堪称人生的无价财富。

《塔木德》中说：我们没有祖国，金钱就是我们这个民族的疆域，摩西法律就是我们的国界。长期的流亡使他们不可能鄙视金钱，因为金钱是最方便携带的东西，是他们在其他国家买下生存权利的重要工具。他们始终认为："金钱是让自己平安的上帝。"

犹太人除在思想上对孩子进行财富教育之外，更在行动上对自己的孩子进行财富教育。比如：诚信、冒险、时间就是金钱、从无到有从小到大、利益互动、从信息中找钱等。

犹太人比其他民族要精明得多，无论是对数字还是时间他们都非常敏感和精确。比如当孩子问现在是几点钟时，他们总是说："现在是11点21分35秒。"而从不说快11半了、11点多钟了的模糊概念。这些生活小习惯,让他们养成了非常好的商业素质。

由此可以看出:犹太人之所以能有高人一等的理财能力,可以打破"富不过三"的魔咒,都来自代代传承的独特信仰和金钱观。

8. 比尔·盖茨:再富不能富孩子

比尔·盖茨从退学到建立微软公司,到成为世界首富,只用了20年的时间,被美国人誉为"坐在世界巅峰的人"。他在52岁时正式退休了,并把他的财富几乎全部捐了出来。他说:"我们决定不把财产分给我们的子女。我们希望以最能够产生正面影响的方法回馈社会。"

原先,比尔·盖茨打算给自己的孩子留下1亿美元,1999年8月修改遗嘱,改为每人留下1000万美元。如今,他又改变了主意,并立下了新的遗嘱:把全部财产的98%留给慈善基金会,全力支持公益事业。

比尔·盖茨与妻子梅琳达都十分疼爱自己的孩子,但是在满足孩子们的一些要求上,他们绝对不会有求必应。东方人刚刚富裕起来的时候,想到的第一件事就是:再穷也不能穷孩子。而富有的西方人很早就意识到，让孩子拥有一种天生的金钱优越感，对孩子的成长是有百害而无一利的。他们通常只给孩子很少的零用钱，并鼓励孩子自己去打工挣钱，由此让孩子明白：金钱的获得并不是轻而易举的。故此，比尔·盖茨认为：拥有不劳而获的财富，对于站在人生起跑点的子女来说并非好事。

再富也不能富孩子，这就是比尔·盖茨的教子经。具体来说，他是从以下几个方面去教育自己的子女的：

○吝啬的比尔·盖茨

这个世界首富平均每分钟就能挣 6659 美元，可他没穿一件名牌，参加世界顶级企业家聚会，穿的套装价格还不值有些影星一次洗衣服的钱。他几乎很少回家吃午餐，通常他会在公司以不到两美元的汉堡包当午餐，这已经成为他的习惯。美琳达后来抱怨说："你为什么不点些菜，你那样会让里卡感到难堪的。"他笑笑说："我就喜欢吃汉堡包，没想那些。"

有一次比尔·盖茨外出赴会，助理给他订了一套豪华房间，他气得骂道："是哪个混账东西干的好事？"盖茨没有私人司机，也没有包机旅行过。他出席会议，拒坐高级轿车，只坐普通车；他到欧洲召开展示会，请主办方将头等舱机票换成经济舱。

在生活中，比尔·盖茨也从不用钱来摆阔。他遵循他的那句话用钱："花钱如炒菜一样，要恰到好处。盐少了，菜就会淡而无味；盐多了，苦咸难咽。"所以即使是花几美元钱，他也要让它们发挥出最大的效益。

　　一次，他与一位朋友前往希尔顿饭店开会，因为迟到了几分钟，所以没有停车位可再容纳他们的汽车。于是他的朋友建议将车停放在饭店的贵客车位。比尔·盖茨不同意，他的朋友说："钱可以由我来付。"比尔·盖茨还是不同意，原因非常简单，贵客车位需要多付12美元，比尔·盖茨认为那是超值收费。

　　比尔·盖茨认为，自己的成功与个人努力有关，而与金钱的多少没多大关系。确实，盖茨几乎所有创业的钱都是他自己在上学之余打工赚来的，从来没有向父母伸过手。

　　比尔·盖茨曾经说过："当你有1亿美元的时候，你就明白钱不过是一种符号，简直毫无意义。"他对社会慷慨大方，但对子女则很吝啬。盖茨公开宣布："我不会给我的继承人留下很多钱，因为我认为这对他们没有好处。"

　　在对待金钱问题上，比尔·盖茨对自己很吝啬，对子女也很吝啬，他想通过自己的吝啬行为，让孩子也学会吝啬，从而懂得如何去珍惜金钱、使用金钱和把钱放到更有意义的事情上。

　　比尔·盖茨用自己的行为告诉天下父母：人只有用好自己的每一分钱，甚至吝啬一点，对孩子的成长才有好处的。如果一味溺爱，不仅达不到目的，还会适得其反。

　　反观中国的富一代对子女的出手阔绰，有求必应，嘴里还唠叨着"我的钱将来还不是你的"时，人们除了感到悲哀之外，是否还应该从盖茨的理念中获得一些什么启示？

○让孩子尽早独立

比尔·盖茨是世界上最富有的人，所以，他的孩子一出生就倍受世人的关注和兴趣。一位竞争对手说，这下好了，盖茨必将花更多的时间在孩子身上，我们可以趁机超越他，甩掉他。然而，比尔·盖茨并没有把时间花在孩子身上，他告诉太太，除了给孩子喂奶，其余时间不必管她。

比尔·盖茨这样做，绝不是担心竞争对手超越自己，而是为了让孩子从小就具备独立意识。他认为，让孩子成为优秀的人，关键是培养孩子的性格，而非培养他们的学问。培养性格最重要的一点，就是培养孩子的独立性及生存能力。

孩子上学的第一天，比尔·盖茨亲自领孩子去学校报到。他把孩子送进教室后对孩子说："今天，你已经认识到学校的路，从明天起，爸爸、妈妈就不会再接送你了，一是没有时间，二是没有必要。"

从此，他的孩子每天早上独自穿过三条街巷去学校，晚上放学后再自己回家。孩子有时回到家，看见家门紧锁，他们并不像其他小朋友一样害怕、哭着四处找父母，因为爸爸早就说过，你自己想办法到附近任何可以去的地方。

比尔·盖茨说到做到，哪怕是顺路经过孩子学校的门口，哪怕是刮风下雨，他都坚持让孩子独自上学、回家。

一天，放学的时候，正好下着大雨，他的孩子赤着脚快速跑到马路边的商店门前，然后，顺着门前的避雨地带小心前行。孩子的妈妈坐在车里,看见孩子浑身上下湿漉漉的样子,心疼不已。而比尔·盖茨则说:"培养孩子的独立性,不是让孩子仅仅具有独立的意识和态度就够了,必须让孩子自己去经历,让他自己扫除障碍,只有这样,孩子才能学到相应的知识和技能,才能用各种有效的方式去自行解决问题。"

对于孩子的学习,盖茨不是花时间给孩子灌输知识,而是注意培养孩子对知识的兴趣,他从来不辅导孩子作业,每当孩子做功课遇到困难,盖茨就让他们自己去问老师,去问同学,他时常对孩子说,学习是你自己的事,为什么要父母督促你呢?你应该从小学会怎么学习,怎么向人求助,这也是一种很重要的生存能力。盖茨认为,让孩子成为优秀的人,关键是培养孩子的性格,培养性格最重要的一点是培养孩子的独立性。

比尔·盖茨之所以这样做,做得这样不近情理,是有来历的。曾是第二次世界大战老兵的老比尔·盖茨就是这样做的。所以,有人说,老比尔·盖茨的一杯凉水泼出了一个世界顶尖豪富。

步入青春期的比尔·盖茨,为了摆脱母亲的控制,他12岁的一天与母亲的矛盾在达到了高潮:他在餐桌上对着母亲粗鲁地大喊大叫,言辞充满讥讽和孩子气的自以为是。一向冷静的老盖茨终于发怒了,他端起一杯凉水,泼到儿子脸上。顿时,喊叫声停止了,回过神来的比尔·盖茨突然对父亲说:"谢谢淋浴。"

于是，夫妇俩带儿子接受心理咨询。比尔·盖茨告诉心理医生："我想与父母争夺控制权。"医生建议说，最好的做法就是让比尔·盖茨独立。最终，夫妇俩接受了医生的建议。从13岁起，盖茨享有了绝大多数同龄人享受不到的自由。父母允许他晚上独自去华盛顿大学用电脑，到首都华盛顿当国会服务生，在假期四处旅游、打工，包括他在哈佛大学念三年级时退学办公司，夫妇俩虽然感到震惊，但还是勉强同意了他的选择。

比尔·盖茨对这次"泼水事件"记忆深刻，这不仅成为比尔·盖茨人生中的一个重要转折点，也让他一夜之间变得成熟起来。就是在这段天马行空的自由成长期，比尔·盖茨认识了后来与他一起创办微软的保罗·艾伦。两人第一次合作的成果是一款统计道路车流量的计算机软件。最终，微软成功上市，比尔·盖茨一夜成为亿万富翁。

在美国《华尔街日报》一次专访中，老比尔·盖茨首次对外讲述自己和儿子的故事。这位一贯低调的老比尔·盖茨从不夸耀自己在儿子成功道路上扮演的角色。直到2005年在一次慈善组织领导人会议演说中说："作为一个父亲，我从未想过那个在我住所里长大、吃我的食物、用我的名字、还爱顶嘴的小子有一天会成为我的老板。但这确实发生了。"

如何将一个叛逆男孩培养成世界上最富有和最慷慨的人，比尔·盖茨的父亲老比尔·盖茨的答案是：一杯凉水泼醒了他，让他成熟了，让他独立，然后给他充分的自由和支持，但要适时加以引导、敦促和肯定。

○在孩子的人生中扮演引导者

一个成功的人,父母的作用占有80%。从小到大,唯有父母在无私地引导孩子。比尔·盖茨的父亲说不要贬低孩子,就是指要多支持和鼓励,有了这些比尔·盖茨才有了尝试自己不擅长的事的天空,并最终创造了世界第一财富。

前不久,老比尔·盖茨写了本名为《参与生活》的书,揭示了在一个美国中产阶级普通家庭中所遇到的教子中的迷惘。老比尔·盖茨提出了一个所有人需要面对的问题:人生中最重要的是什么?他的答案是:家人、朋友和公共服务。

老盖茨认为,家庭生活是需要组织管理的,他们一家有着雷打不动的家庭活动周日晚餐,为了所爱的人而出席这样的晚宴很重要。第一,让孩子们分享、讨论各自的所见所闻,对一个家庭至关重要;第二,无论你有几个子女,帮助他们建立家庭社交是家长义不容辞的职责。第三,每个家庭都有自己的特长,每个人都可借助这个机会来展示他们的天赋,同时领教别人的本事。

老比尔·盖茨说,这样的友谊不仅能帮助孩子避免孤单、冷漠,还能帮助孩子们建立可以维系终生的情感寄托。当然,最重要的一点是引导孩子参与社会公益活动。从很小的时候起,小盖茨就被父亲带到图书馆阅读了大量服务社会的书,并深深地影响了他回馈社会价值观的塑造。

老比尔·盖茨的家训在小比尔·盖茨身上发生了作用。

比尔·盖茨夫妇育有3个子女，长女珍妮弗现年13岁，长子罗里10岁，次女菲比2002年才出生。面对3个年龄尚小的子女，盖茨并没有像大多数富爸爸一样溺爱他们，他总是说："如果你认为老师过于严厉，那么等你们长大了有了老板，就知道老师简直就是大好人"。

大女儿珍妮弗正处在爱幻想的年龄，总恨不得一夜之间长大，成为电视剧里的青春靓女。每当这个时候，比尔·盖茨就会毫不留情地给女儿泼冷水："电视剧里都是骗人的，生活才不是那样呢。现实生活里每个人都不得不去工作，而不是成天在咖啡馆里闲聊。"

比尔·盖茨说："我到世界各地旅行，看到不少地方还非常落后。我会把这些告诉女儿，希望她不要被优越的条件惯坏了。我会给她很多书，一台很好的电脑，而不是很多玩具。我教育孩子要有爱心，不要看太多电视，玩太多电脑游戏。我鼓励他们读书，掌握各种各样的知识，从小就树立信心，觉得自己是一个聪明的人，有能力面对任何挑战。"

他说："满足孩子的好奇心非常重要。我总是尽可能解答他们提出的问题，如果我也解答不了，就跟他们一起学习，努力找到问题的答案"。盖茨的长女一向沉迷于互联网或电脑之中，一直到她进入一所着重以电脑为教学媒介的学校后，学习习惯才开始改变了。

比尔·盖茨在加拿大渥太华的一个商业大会上提到他的孩子时说："她开始变得热衷于使用电脑，开始接触好些电脑游戏，包括在 Xbox360 中运行的皮纳塔乐园。在游戏中，玩者得照顾好自己建立的园地。她有时候会在园地里耗上两三个小时。"他和妻子梅林达规定孩子每天使用电脑玩游戏的总时间只能达 45 分钟，周末则是一个小时，不过，利用电脑做功课的时间不在此限制之内。他解释道："在孩子成长至某个年龄之前，家长们应该知道孩子在互联网上看到些什么内容，以便能同孩子讨论。""我儿子问过我：'我是否一辈子都要受这样的限制？'我告诉他："不，当你搬出去后，便能自设规矩了。"他说到这里，现场响起一阵笑声。

在比尔·盖茨即将退出微软的管理工作时，曾有人问："比尔，你的孩子对这一决定怎么看？"他说："我的 3 个孩子还很小，他们只有 10 岁、7 岁和 3 岁。对他们而言，我是一个每天都会消失的父亲，不管我去微软工作，还是前往基金会。因此，我的决定对他们来说也许没有什么不同。今年我将把两个年纪较大的孩子带到非洲，让他们了解更多有关基金会的事情。"

非洲是个什么样的地方，相信大家并不陌生，满眼可见贫穷与饥饿，连可怕的爱滋病也四处泛滥。盖茨为什么想把孩子带到这种地方去？我想，他无非是要让自己的孩子亲身感受世上的苦难，从而培养孩子的爱心。

老比尔·盖茨与小比尔·盖茨曾有一次对话，这道出了父母亲在孩子人生中扮演引导者角色的重要性。

小比尔·盖茨说："小时候，父母常鼓励我尝试自己不擅长的事情,让我参加许多运动,比如游泳、橄榄球和足球,当时我并不明白为什么。那时我觉得这样并无什么,但后来它的确给了我许多展现领导才能的机会,并且让我懂得很多事情我并不拿手,而不是让我什么拿手就只做什么。这段经历很棒,而且有些运动我现在也很喜欢。父母当时必须这样敦促我,因为我经常退缩,不过这个建议非常宝贵。"

老比尔·盖茨笑笑说:"我的最佳人生建议,也就是如何与孩子相处并适当地鼓励他们。比尔的母亲和我早年曾在教堂接受父母效力训练。在那里人们教导我们并强调的至关重要的一点就是,不要贬低孩子。一旦你意识到这点的重要性,你与孩子的关系便有了良好的开端。我是儿子的忠实粉丝,我认为他是一个了不起的公民和商人,我们有机会共事的时候我就会把这个想法表露出来。"

9. 洛克菲勒家族的"零花钱家训"

美国的石油大王洛克菲勒是世界上第一个拥有10亿美元财产的大富翁,可谓腰缠万贯,但给子女的零用钱却少得可怜。

洛克菲勒共有5个儿女,当他们7岁的时候,他就开始向他们灌输如何对待"金钱"的观念。他给每个孩子建立了一个小"账本",上面印有"7—8岁每周30美分;11—12岁每周1美元;12岁以上每周3美元"的字样。按年龄大小发放,不能多发。

零花钱是每周发放一次,他要求子女们把每笔开支用途都在"账本"上写清楚,待下次领钱时交父亲检查。对账目清楚、用途正当者,下周增发5分,反之则减。这使孩子们从小就学会了精打细算和当家理财的本领。

我们从洛克菲勒家族中传着的"14条洛氏零花钱备忘录",可以看到这个家训的发扬光大。这是洛克菲洛三世小时候与父亲洛克菲洛二世"约法三章"所签下的,他们极为吝啬:每周给零花钱1美元50美分,最高不得超过每周2美元。且每周核对帐目,要他们记清楚每笔支出的用处,领钱时交家长审查,钱帐清楚,用途正当,下月增发10美元,反之则减。此外还有平常人家难以想象的用钱细节和规定。最后说,以上协议双方同意并执行,父子俩人在这份备录上签字画押,方可生效。

这个备忘录是永恒的,后来洛克菲洛的第二代、第三代乃至第四代,都严格照此办理,并定期接受检查,否则,谁也别想得到一分钱的费用。洛克菲勒这样做是为了从小培养孩子勤劳节俭的美德和艰苦朴素的品格。因此他们能富过6代,为西方富人阶层久久称道和仿效。

洛克菲勒家族尽管富甲天下,门第显赫,却从不在金钱上放任孩子，这种做法无论西方还是东方，都是可取的。他们认为，富裕家庭的子女比普通人家的子女更容易受物质的诱惑。所以他们对后代的要求比寻常人家反而更加严格，并通过这种办法，使孩子从小养成不乱花钱的习惯，学会精打细算、当家理财的本领，以使家族财富及精神持续传承下去。

从洛克菲勒家族的零花钱家训中，至少可以获得以下几个启示：

○**不管是穷是富，让孩子自己去挣零花钱**

洛克菲勒家族无论是在贫穷还是在富贵的时候，都让孩子自己去挣零花钱。从老洛克菲勒开始，他们就是这样训练自己的后代的。洛克菲勒从小家教很严，靠给父亲做"雇工"挣零花钱。他清晨便到田里干农活，有时帮母亲挤牛奶。他有一个专用于记账的小本子，把自己的工作量化后，按每小时 0.37 美元记入账本，尔后与父亲结算。

这个家训也传到了洛克菲勒手里。洛克菲勒的孩子们只能得到家里所给的少量的零花钱，但可以通过做家务事再得报酬，补贴各自的零用。为此，他让妻子赛蒂做总管，要求孩子们认真记账。例如打苍蝇可得 2 美分，削铅笔是 10 美分，练习乐器 1 小时是 5 美分，修好花瓶可以得到 1 美元。一天不吃糖果可以奖励 2 美分，第二天还不吃则奖励 10 美分。他们在花园的不同地里干活，拔出 10 根杂草可以挣到 1 美分。小约翰劈柴的报酬是每小时 15 美分，每天打扫院子里的小路可以得到 10 美分。

后来当上了副总统的二儿子纳尔逊9岁、兴办新工业的三儿子劳伦斯7岁时,为挣得更多的零花钱,还主动要求合伙承包给全家人擦鞋。他们清晨6点起床开始干活,每双皮鞋5分钱,每双长统靴1角钱。当他们十多岁的时候,还合伙养兔子卖给医学研究所,赚了不少外快。

后来,孩子们又找到一个挣钱的活,他们开垦了一个菜园,种了西葫芦、南瓜等,丰收的时候,他们个个兴奋极了。父亲按市场价格买了四儿子温斯洛浦的黄瓜。其他孩子则把他们的产品装在童车上,到市场上去卖。

孩子们为获得更多的零花钱,而被激发出更大的热情和积极性。洛克菲勒曾指着13岁的女儿对别人说:"这个小姑娘已经开始挣钱了,你根本想象不到她是怎么挣的。我听说煤气用得仔细,费用就可以降下来,便告诉她,每月从目前的账单上节约下来的钱都归她。于是,她每天晚上四处转悠,看到没有人在用的煤气灯,就去把它关小一点儿。"

洛克菲勒家族富可敌国,如此苛责孩子,让孩子自己挣零花钱,其主要目的是要最大限度培养孩子的独立精神。孩子懂得钱来之不易,有劳才有获,才会爱惜金钱,学会节约用钱,计划开支,不铺张浪费,视勤劳为美德。正如小洛克菲勒说的:"我要他们懂得金钱的价值,不要糟蹋它。"

○ **给孩子钱要有节制**

洛克菲勒经商获得极大成功之后,把老洛克菲勒教育自己正确认识金钱的办法也用于教育他的子女上。他是个到处闯荡的木材商、马贩子，但一有空就教儿子如何写商业书信，如何准确而迅速地付款，以及如何清晰地记账。他一生中恪守"不俭则匮"的准则，从中他还引申出自己的信条："只有数字作数。"

在洛克菲勒家族中，孩子从小就不准乱花钱，每一个孩子自己支配的少量零花钱也要记账。在学校读书时，他们一律在学校住宿，大学毕业后，都是自己找工作，直到他们在社会上锻炼到能够经得起风浪以后，上一辈才把家产交给他们。从洛克菲勒家训中引伸出来的美式做法是："尽可能藏起一半爱。"

洛克菲勒惜金如命，16岁就花一毛钱买了个红色小本子，记下每一笔收入和开支，一生都把账本视为自己最珍贵的纪念物，这本账簿被安放在保险箱中，并作为传家宝让后代传承下去。为此，洛克菲勒除了要求孩子的零花钱要记账外，还经常告诉孩子们要学会过有节制的生活。为此，他给孩子的零花钱，几乎达到了吝啬的程度。

洛克菲勒的孙子大卫·洛克菲勒是美国杰出的银行家，他提到7岁那年，父亲把他叫到房间说："我打算每周给你3角的零用钱，不过我有一个小小的要求，请你准备一个本子，在上面记下每笔钱的用途"。

洛克菲勒还在厨房里摆放了6个杯子，杯壁上写着每个孩子的姓名，杯子里面装的则是孩子们一周用的方块糖。如果哪个孩子过多地贪吃了杯子里的糖，那么等到别人喝咖啡放方块糖的时候，他则只有喝苦咖啡了。想要得到糖，那就只有等到下周父母再次发放。经过几次这样的训练，孩子们都知道了有节制的生活是有好处的，而随便消费自己的东西，消费完了等待着的就只有苦味了。

洛克菲勒的夫人塞蒂也同样严格地管教孩子。孩子们闹着要自行车，约翰便提议给每人买一辆，塞蒂却说："不行，我们只能买一辆。""可是，亲爱的，"约翰抗议，"买自行车花不了几个钱！""没错，"她答道，"可是，这不是钱的问题。如果大家只有一辆车，就能够学会相互分享。"这样一来，孩子们只得到一辆自行车。

洛克菲勒家族节制孩子的零花钱，并且要求孩子记账，他这样做与钱的多少没有关系，也不是为了省钱，而是要刻意培养孩子的节制精神。其价值目标是：让孩子为了根本、长远的利益，而克制个人一些暂时的欲望。如果你屈服于眼前的诱惑，那么你将一事无成。实际上这对任何一个人来说，都是极其重要的品质。

○控制零用钱的用途

老洛克菲勒虽然没有给儿子留下大笔财富，但却教会了儿子如何用自己的钱去换取更大的利润，让儿子明白了金钱的最大用途。这让洛克菲勒一生受益无穷。每当洛克菲勒谈起这件事，都充满了感激之情。

老洛克菲勒每周都要给他儿子一块钱零用，同时要求每周在领取另外一块钱的时候，必须告诉他这一周的钱花在何处。一次"洛克菲勒"告诉父亲，自己的一块钱借给了朋友，这惹得父亲勃然大怒，大声训斥起来。

当洛克菲勒告诉父亲：这个朋友在下周将还给自己 1.2 美元时，结果却得到父亲的褒奖。就这样经过一年的努力，洛克菲勒居然发现自己已经有了 200 美元的存款，竟然可以随心所欲地买自己喜欢的玩具了。可以说，这是洛克菲勒成为大富豪的一个起点。

随着孩子的年龄增大，老洛克菲勒一个礼拜给孩子零花钱 3 美元，他告诉儿子第 1 美元你想怎么用就怎么用，第 2 个美元存起来，以备不时之需。你总会碰到如生病等无妄之灾，总要有一个储蓄的概念。第 3 个美元帮助别人，你看谁需要帮助，你就应该帮助别人。他就是这样教育子女的。

这样，小小的零花钱，在洛克菲勒心目中，无形中增添了一种道义的意义。后来，他能成为美国历史上最大的慈善家，应该说，与老洛克菲勒第 3 个美元所限制的积极用途有一定的联系。他一生直接捐献了 5.3 亿美元，他的整个家族的慈善机构赞助超过了 10 亿美元。他节俭成性，但也大方得出奇。丘吉尔则这样评价他："他在探索方面所做的贡献将被公认为是人类进步的一个里程碑。"

○端正对孩子的爱

洛克菲勒家族流传着这样一个故事：有一天，老洛克菲勒把孩子抱上一张矮桌，鼓励他跳下来，孩子以为跳下来就有爸爸的保护，谁知他往下跳的时候，父亲却走开了，他摔得很重，在地上哇哇大哭起来。这时老洛克菲勒严肃地对儿子说：

"孩子,不要哭了,以后要记住,凡事靠自己,不要指望别人,有时连爸爸也是靠不住的。"

洛克菲勒是一位伟大的父亲,他爱孩子,也善于教育孩子,从他的行为中可以看出,他保持着犹太民族的教子传统。当孩子跳下摔跤的一刻,是很失望的,连父亲都不能相信,还能相信这个世界吗?但回味父亲的话后,却又豁然开朗,意识到父爱如山。因为父亲是要培养一个勇敢的孩子,一个有着独立能力的孩子,防止旺盛家族里培养出懦弱无能的败家子。

后来,这个往下跳的小洛克菲勒成家后,也一直保持着这样一种家风。他有一辆漂亮的劳斯莱斯小汽车,每逢节假日,他常常带上全家人外出游玩,其乐融融。可是,每天上班,小洛克菲勒总是一人驾车独往,绝不让10岁的儿子顺道搭车上学。

有一天,儿子的气管炎犯了,走路有点困难,他央求爸爸送他一程,但父亲却坚决拒绝他。儿子只好背着书包,沿着大街慢慢地向学校走去。当走到一个十字路口准备过天桥时,他看到父亲正在天桥下等他。父亲见了儿子,什么也没说,只是掏出手绢擦去自己脸上的泪痕。然后,他接过孩子手中的书包,缓缓地踏上一级级台阶。

这个伴随明确奖励措施的家规,传授给了孩子金钱及做人的意义。同时,在这些家教的激励下,孩子学会了节制和控制自己的欲望:为了一个目标而自律。更重要的是:要为有价值的事情而奋斗。

邓肯曾有一段很精彩的话,似乎为洛克菲勒的家训做了很好的注脚:"我每次听到别人谈论,多赚些钱留给子孙,我总觉得他们这种做法,夺去了儿女种种冒险生活的乐趣。他们多遗留一块钱,便使儿女多一分软弱。最宝贵的遗产,是要儿女能自己开辟生活,能自己立足。"

第三章 财富重道义：钱财深处流的是道德血液

美国钢铁大王卡耐基的临终之言"在巨富中死去是一种耻辱"，得到了许多美国富豪的认同，并正在逐渐影响着全球富人的财富观念。因此，在富二代的成长过程中，应该让他们明白：在拥有财富的同时，也意味着拥有一种社会责任。

——启示录

1. 财富是有人格的

读过《圣经》的人也许会记得这么一句话：在你里面的比在这世界更大。如果你懂得外在的世界不会比你里面的世界更大，你就会明白，外在的财富绝不比你内在的财富多。

财富，是个有生命而又被人格化了的东西，它的人格魅力决定了它的色彩和生命力。

之所以说财富有人格，是因为它的构成原素和运动轨迹几乎与人的生命演绎是一样的。现实生活中的人格由智慧、情感和意志力组合而成，而财富中的人格也是由这三者构成的。人类运用这样的组合来运作生命，财富则运用这样的组合来创造价值和延续生命，它的成就和寿命，完全取决于人格魅力的大小和运动方式。

○财富是有智慧的，它是人生的一个哲学问题。

哲学的本义是"智慧"，哲学就是对人生智慧的追求。没有一种能站在生命最高处俯视人生的智慧，再多的学问、再多的财富也不能给人带来幸福和快乐。

2500年前，古希腊思想家赫拉克利特便把哲学定义为"追求智慧"，后来很多人称之为"智慧学"、"人生的最高智慧"。

有过二十多年商旅生涯的云莉雅女士，在《财富的智慧——财富在金钱之外》一书中，对财富的理解有着很深的感悟：财富的智慧其实就在金钱之外，因为财富是一份奇妙的礼物，聪明和技巧都留不住它，只有当你成为一个吸引财富的人时，也就是说，当你具备了人格魅力之后，它才会从四面八方向你聚集。

斯坦福研究中心曾发表过一份调查报告，一个人赚的钱，12.5%来自专业知识，87.5%来自人际关系。由此可见，人格是通往成功和财富的通行证。有权、有钱的人在社会上显然容易受到人们的追捧，但不一定会受到人们的真心尊重，真正受人尊重的是那些富有而又具有人格魅力的人。

金利来之父曾宪梓就是用他人品的光辉打造出了金利来王国的辉煌。他出生于广东梅县一个贫苦的农民家庭，几经周折来到香港，从踏足香港的那一刻起就给自己定下了"无论将来环境如何恶劣，都必须正直做人，勤俭创业"的信条。正是这样的人生信条，让他激扬商场三十多年不败，并使金利来从作坊中飞出来，成为一枝独秀的领带名牌，开辟了一个男人的世界。他不仅仅是创造了一个属于香港人甚至是中国人的名牌，更是让整个世界改变了香港只出低廉产品的看法，使香港人扬眉吐气，"金利来"的品牌意识也将永远载入史册并成为永恒的财富。

金利来王国虽然给曾宪梓带来了巨额财富，但他的生活却一直很简朴，他将全部财产的近四分之一捐赠给了祖国的教育、医疗、科技、体育、慈善等事业。这个比例是不平凡的，大概近似于几十年前的陈嘉庚先生在创建厦门集美学府时那种倾家兴学的气度和作为。

这就不难理解当时并未进入"香港富豪百人榜"的曾宪梓如何能跻身《香港商战风云录》了，不是以他的财力，而是因他的人格魅力。

人格不仅是一个人的资本，更是道德的保证和最高尚的精神财富。它是人类美好愿望与荣誉的家园，因此只有具有高尚的人格才会获得真正的荣誉和尊敬。一个丢失了灵魂的人，即使拥有了整个世界，也将毫无意义。

在人生哲学的财富字典中，虽说人格的高低与其拥有的财富程度并无直接关系，但在当今社会，人要是有失公德，巧取豪夺，即便再有钱也会被人瞧不起。

所谓小赢在于技巧，中赢在于实力，大赢在于人格，就体现了财富与人格孰重孰轻的问题，对它的理解和取舍，则体现了智慧的高低。

○财富是有感情的，你要尊重它

人是世界上唯一具有丰富感情的社会动物，只有高度关注人的情感，最终才可拥有财富。因为财富也是有感情的，你尊重它，才能得到它。如果人只是个会赚钱的工具，而缺乏应有的富有磁性的人情味，他的身边不可能有很多追随他而为他赚钱的人。

构筑一项事业，既需要有形资产，也需要无形资产。胡润的《财富情感》就是聚焦于中国当代财富英雄的"无形资产"——他们的人际关系网络。这是一个以情感为基础的网络。《财富情感》以独特的视角关注了这样一个联结点：在这个联结点的一端是企业家的个人生活和他们在此基础上所建立的人际关系，另一端是他们成功的事业。

《财富情感》中提到的新华联集团董事长傅军认为，一生最让他感到踏实的就是交到了一些真正的朋友，他相信即使明天他的企业什么都没有了，从头做起，只要3天时间就能够再赚几百万，为什么？因为那些朋友中至少有相当一部分还会认同他。有了这些朋友，他就有可能再干起来，所以他是很轻松、很放心的。

他的公司一直营造着一种尊重人、关心人、理解人、激励人的文化氛围。在12年的发展历程中，傅军董事长一向恪守诚信经商的原则，把"诚信为魂，做生意就是做人"作为企业的核心理念。这样聚集起来的无形资产，怎能不使他与财富结缘？这不是金钱让人伟大，而是情感使金钱有了体温。

财富是一个很宽泛的概念，世界上的财富构成，物质财富是基础，但人类经历几千年的文明发展积累后，最主要的财富已不是物质，而是由其他诸多因素构成的。情感因素就是其中一个很重要的财富因素，它是一种无形财富，而无形财富往往大于有形财富，因为这些无形财富又往往会在一定的条件下转化为有形财富，并使它无限地增殖、发酵和扩张。

对于中国人来说，财富是个纠缠着复杂情感的词汇。一个显而易见的例子是,中国经过30年的改革开放后,人们在开始享受物质财富带来好处的同时,发现原来没有饭吃时只面临一个问题,等吃饱饭后面临的问题反而多到想不到的程度,人们对待财富的心态很快就失衡了。从怕富到寻富,从藏富到炫富,从仇富到崇富,从创富到传富,都是这种财富情感的缩影和变迁,它们交织着一种复杂而充满戏剧性的心态。

从中国人复杂的财富情感来看,实际上是还没有从哲学上、伦理上建立起财富理论秩序,没有理顺财富创造和分配的机制,没有营造好崇尚和认同财富英雄的社会氛围,没有打造好原罪财富与阳光财富的过渡阶梯,从而使人们的财富情感变得捉摸不定和云诡波谲。当中国的财富伦理还很脆弱、财富制度还不稳定的时候,建立起情感财富是非常重要的。

○财富是有意志力的,你对它要有所敬畏

耶稣曾用"玛门"来代表财富,当他说出"你们不能又事奉神,又事奉玛门"时,便将财富人格化了,并将它赋予了一种强大的意志力。

耶稣认为,金钱并不是一种不具人格的交易媒介,也不是一种在道德上属于中性的东西。财富其实是一种意志力,一种寻找机会来支配人类的权力,所以,人类对它应有所感激和敬畏。

金钱背后有一种强大的看不见的力量,它刺激人们对它热爱,又引诱人们对它鄙视。它能赋予人们权力,并给予人们安全感、满足感、自足感,它像个无所不在的灵物,似乎是无所不能。不过，它又是很可怕的，它引诱人们犯罪，可以让人走到荣耀的最顶端，又可以让人坠落到地狱的最深处。

美国著名作家马克·吐温的著名中篇小说《百万英镑》，揭示的就是金钱是否万能这个众说纷纭的命题。小说描绘了美国旧金山的一个小办事员亨利·亚当斯出海游玩，在迷失了方向后，幸被一艘轮船救助，然后随船来到英国，流落伦敦街头。一天，一对富豪兄弟，从银行取出一张面额为一百万英镑的支票，他们想借此验证这一百万的价值，就选择了这个身无分文的年轻人作为实验品：他们将这张百万英镑的支票借给了他，并以他在三十天内不将一百万的支票兑换成现金而能否活下去打了一个赌。于是这个穷光蛋忽然之间就成了百万富翁。由于金钱的魔力，他的生活发生了翻天覆地的改变：人们对这位突然暴富的罕见富翁百般讨好，从免费吃饭、免费置衣买东西，到免费住宿，他的社会地位不断提高，头上的光环变幻迷离，一直坐到除王室外最高的公爵之上！亨利·亚当斯第一次亮出这张百万英镑是在一个服装店里，有了钱后的流浪汉首先要做的是给自己买套体面的衣服，可服装店老板和伙计看他不像个有钱人，便想随便打发一下了事，可当他拿出了那张百万英镑的支票，服装店老板和伙计一见，那凝结了的皱褶像片片驱虫样板结在那里……小说的结尾是，那小人物不仅风风光光地活过了三十天，并且利用这张百万英镑支票发了一笔财，还获得了一位小姐的芳心，而这张支票还自始至终没兑换。

从这里我们可以看出，金钱确实很有魔力，但却不是万能的。

金钱之所以有魔力，是因为人们对金钱加上了各种标记，比如名誉、头衔和地位，使金钱无时不在地影响着人们的价值判断。故此，以一个人的财富来评判他的价值，以拥有金钱的多少来赋予他相应的地位和声望，已成为一种普遍的社会现象。这就明白了，人们用尽一切手段赚钱，原因就在于人们总是把金钱当做势力、影响力及权力的象征。也正由于此，金钱的魔力就越来越大，几乎控制了整个世界。

然而，那位美国穷小子亨利·亚当斯并未得到真实的财富，他在伦敦三十天所得的花销、仰慕，包括那笔所发的小财和那位钟情于她的小姐的芳心，都不过是借用那张百万英镑支票悬浮的"忽悠"，亚当斯不过是做了三十天财富的奴隶，而掌控支票的主人仍是那对富豪兄弟，更确切说，是这对兄弟的财富意志。

如果人们能够看清金钱背后这种看不见的力量，就不会完全被它诱惑和左右，也不会毫无原则地委身于它。如果人们了解金钱背后的这种意志力，就不会随意去滥用它，挥霍它，甚至于糟蹋它，反而会对它更加虔诚，并有所敬畏。

任何一个人，都不要小看了金钱对堕落者所具有的魔力。英国有个叫巴克斯特的牧师说：金钱是身外之物，只应是披在肩上的一件随时可甩掉的轻飘飘的斗篷。然而，对于大多数人来说，这个斗篷却是一只铁牢笼。

人如何从金钱的捆绑中解放出来，这是一件看似简单却难以做到的事情。因为人性中与生俱来的也是摆在首位的就是贪欲，任何一个人都是从内心向外看世界，如果我们习惯于从外部世界去看内心的贪欲，这个问题也就容易多了。

因此，人们要想从金钱的魔力中放出来并非难事，只要努力改变一下自己的内心，不把金钱当作社会价值评判的唯一标准，纠结即可迎刃而解。

由此可见，不被金钱奴役，懂得做金钱的主人，将个人财富放置于更广阔的天地中去，那不光会将自己从金钱中解放出来，你的财富也将在鲜活中灵动，在灵动中成长，为全人类的富有、为社会的绵延作更大的贡献，这或许才是更健康更积极的财富意志，也是财富本身的原旨意义。

2. 财富并不等同于金钱

关于财富与金钱，一直是一个永恒而热门的话题。很多时候，人们总把财富与金钱划上等号，其实并不然，金钱只是财富的一部分。因为财富除了金钱之外，还包括了道德、事业、学问、时间、健康、亲情、爱情、友情、快乐等。

但在如今这个过于现实的社会，在很多人的意识里，不知不觉就将财富简略成了金钱。所以，当"穷得只剩下了钱"成为一句流行语时，就颇俱幽默和讽刺地道出了种种深意。

前不久，朋友给我发来一个邮件，觉得很有意思，看完里面那个《穷与富》的故事，对财富的理解使我大开眼界。

一天，为使儿子能够珍惜他们幸福富裕的生活，一位城里富人带着儿子到乡下去体验穷人的生活。他们父子在一个父亲认为非常贫穷的农夫家里住了几天后就踏上回城的路。

途中，父亲问儿子："此行有何感想？"

儿子答："真是太好了，爸爸。"

父亲问："现在你看到了人们会穷到什么地步了吧？"

"是的，爸爸，我知道了。"儿子答。

"那你此行学到了什么？"

儿子答："我看到了他们有四只狗儿，而我们只有一只。

"我们有一个延伸至我们家半个花园的水池，但他们有川流不息的河流。

"我们从外面接入灯柱到我们的花园里，但他们拥有晚间美丽的星光。

"我们的庭院伸延至我们家的前院，但他们拥有整个地平线那般广阔的原野。

"我们住在一小片的土地上，他们却有视线难以尽窥的广阔园地。

"我们有佣人的服侍，而他们却有精力为别人付出与贡献。

"我们必须以金钱去买食物，他们却能使他们的食物由土地里长出来。

"我们有围墙保护我们的产业,他们却有朋友保护他们。"

听到这里,孩子的父亲哑口无言。

最后孩子总结道:"爸爸,谢谢您让我看到并明白了我们原来是这么的贫穷啊!"

事实上,财富只是金钱的一种高级形态,金钱也仅止是财富家族中敏感显性的一支。

有位先哲说得好,财富不应当是生命的目的,它只是生活的工具,而这个工具就是金钱。一个人如果能够看透金钱的工具性本质,就会超越金钱的本身,进入一个全新的财富境界。

从小曾被贫穷折磨过的房产大亨潘石屹也说:"爱钱,不如去了解钱的力量,而钱的力量就是你不能独占它,流通是它的天性,钱不会走错路,它走的路永远是绝大多数人的需求满足和财富增值之路。"

为此,我们对金钱与财富应有更深刻的认识:

○**金钱是留不住的,而财富则是不可剥夺的**

金钱在英文单词里的意思,是由一种嘴上大声喊出来而实际上不存在的东西做成的。而财富在英文里的意思是那些有关能源、能力、安全、不可剥夺、可持续性的东西。所以,财富是长远的,安全的,可以永续的,别人抢不走的;而金钱则是感性的,暂时的,可以一夜暴富,也可以顷刻之间一贫如洗,是一种留不住的东西。

我们从很多经济案例中,都可看出金钱的这种本性。

2009年10月22日下午两点多,家住北京海淀区的张女士接到一个电话，来电者自称是"中国电信"的工作人员，他告诉张女士，她的家庭座机电话已欠费2600多元。对于这一消息，张女士很是纳闷。"电信工作人员"立即表示张女士的个人信息可能已被盗用，如有疑问可向警方咨询。之后，张女士按照"警方人员"的提示和部署，把自己家中1000多万元的存款全部转在一张银行卡上，并且毫不设防地告诉了"警官"自家的人员和存款情况，并透露了自己的网上银行用户名和密码。接下来的结果就可想而知了，等他丈夫查询账户余额时，钱早已被人转走。

这是一个真实的、全国最大的电信诈骗案。从这里我们不难看出，如果金钱是唯一的财富，由穷人变富人和由富人变穷人，也是顷刻之间的事。

关于金钱的由来，它开初是最无用处的东西，但后来它却征服了人类。在远古时代，任何有价值的东西拿来交换总会有人不需要它，只有对任何人都没有价值的东西，才可能符合人人都需要的条件，如此一来，人人都可以用它来交换，大家都不会觉得吃了亏，这样，最无价值的东西，就成了金钱的第一特性。

没有价值的东西，却成了最大的价值，金钱就这样开始了奴役人类的征程。从美丽的贝壳，到金、银、铜、硬币、纸币都演变成了交换的媒介，有如美女，散发着无穷的诱惑力，有如武士，充满了无边的征服欲，有如赌徒，血红的眼里只有飞舞的骰子。由于人类天生的弱性，金钱被人格化，成了主人，有着坚定不移的意志力，而人却被金钱奴化、主宰了。

世界银行曾于2005年底公布了一个"国别财富报告"。分析结果发现，越是富庶的国家，有形资产所占比率越低，无形资产所占比率越高。一个国家无形资产的大小主要取决于教育和法治程度。

评估一个国家的财富不能光看物质财富，还要看非物质的无形财富。同样，看一个人的财富，也不能光看他的物质财富，还要看他的那些非物质财富。这些非物质财富，就是他的无形财富，其中最有指标意义的就是看他的社会责任感和对社会的贡献如何。他所承担的社会责任是无形财富的最重要的一项，承担得愈多，愈能体现这个人在物质和精神上的富裕程度。

大多数人都会相信，巴菲特和比尔·盖茨这些热心慈善的大富翁们，他们即使捐出了自己的全部财产，也没有人会把他们当穷人，他们永远都是富人的精神领袖。

○君子爱财，取之有道，这是赢得财富的真理

香港长实主席李嘉诚2010年8月5日在长和系业绩记者会上，当被问到社会现时出现仇富心态时回应说，"君子爱财，取之有道，亦要用之有道"。他的这个财富观，既秉承了中国传统的儒商之风，又与部分西方富豪殊途同归。

中国儒商鼻祖子贡经商就非常推崇"君子爱财，取之有道"。"爱财"即发展经济，追求货币增值，这是商人的本性；"有道"即讲人性、守道德，这是做人的基础。两者结合，不

但体现出儒商"和"的本质，也体现了对"仁义"的精神境界追求。

　　旧时的许多商铺门前，总喜欢悬挂一幅写有"陶朱事业，端木生涯"的牌匾，陶朱指的是范蠡，端木就是端木赐，也就是孔子的高徒子贡。他们俩都是春秋战国时期的著名商人，民间把他们当成财神和儒商鼻祖，不光因为他们拥有富可敌国的财富，更是因为他们的经商之道深得人心。可见，有道义的经商自古以来就是赢得财富的典范。

　　年营业额世界第一的巨型跨国公司沃尔玛创始人山姆·威敦说：沃尔玛创业最初的灵感是来自中国一家古老的商号。料想那家著名的商号里也会悬挂着"陶朱事业，端木生涯"这样的字匾。其实何止是沃尔玛，世界各国的许多商人都从我们传统的经商精髓里吸取过养分，而我们中国人却屡屡发生数典忘祖的悲剧，岂不匪夷所思！

　　在中国能上胡润榜就算是超级富豪，这已经成了人们心目中的潜规则。可近年来，曾经在富豪榜上风光一时的富豪们出现了纷纷落马的情形，这不能不引起我们痛苦的思索：是什么原因使他们一夜之间从天堂坠入地狱？这些富豪的财富为什么经不起阳光的照射？综观至今倒下的富豪们，他们大多是把企业做大后，就容易被自己的辉煌成果冲昏头脑，然后盲目扩张，结果是：要么资金链断接，轰然倒下；要么在兼并扩张中弄虚作假，违法乱纪，最后走向牢笼。究其根本原因还是他们忘了："君子爱财，取之有道"的祖训。

财富的最高境界是造福社会、帮助更多的人。有位富人说的好：不是一个人有很多，他才算富有；而是他给予人很多，才算真正的富有。

同样，一个人要赢得财富，如果只把眼光放在纸币上，那是蠢材，而把财富看成是一个有机的、绿色的生态系统，并以宽博的社会责任心去经营才是大智慧。

对一个内心世界富足的人而言，金钱已经没有什么意义，它只是上升为财富所承担的一种责任。如果财富更多、更快地流向你，那是因为你在他人需要帮助时，你比别人更加慷慨，这是社会对你的回馈！

○君子惜财，用之有方，这是散尽千金还复来的奥妙

凡是巨大的财富背后，都会给人们这样一个启示：金钱本身并不是最终目的，如何将金钱转化为真正的财富才是财富本身的终极意义和最大价值。

真正的富人都懂得，越肯为社会谋福利，越肯帮助别人，财富就来得越快。

一个人有了金钱，并不等于就有了真正的财富，这不过是到达了财富的初级阶段而已。真正的财富是一种能源，只有健康的流动，才能产生裂变和繁殖；它是一颗种子，只有植入广袤的大地，才能茁壮长大开花结果。所以，你为社会每作一次贡献，都会激活一个有利于你的磁场，让财富加倍地回流到你身边。

如果看清这些，你就会明白，金钱只不过是一种为人类提供服务的东西。大多数已经发达致富的人，都在为更多人提供便利的服务，他们也因此而受到大众的尊敬。因为金钱有一种特殊的力量，它能促使富人为全世界、为人类做出大量的贡献。

　　股神巴菲特的赚钱本领从来没有被谁置疑过，他的一顿午餐就可以拍卖到两百多万美元，更不要说他的股票了。可世人不解的是他的生活为何简朴到了抠门儿的地步？一点也不夸张地说，巴菲特的抠门儿已经融化到他的血液里，不知是巧合还是别的什么原因，他的车牌 THRIFTY，翻译成中文竟然是：抠门儿。为了省钱，他往往跟书报摊谈价钱，以最低的折扣买过期的杂志看。他非常爱喝樱桃味的可乐，家里车库和大门入口处堆放的许多箱可乐，全都是他亲自购买的——每次购买50箱，每箱12罐，就能获得超低折扣价，他几乎是不管它们新鲜不新鲜。就是这样一个铁公鸡，从2006年开始，他逐年将价值370亿美元、相当于其个人财富85%的股票捐给5家慈善基金会，其中5/6将由世界头号富翁比尔·盖茨的基金会获得，其余分给其家族的4个慈善基金会。巴菲特一口气捐出八成的个人财产，震惊了全世界。最近美国微软公司创始人比尔·盖茨又和他联合发起了"捐赠承诺"：他把自己百分之九十九的财产都捐了出去。盖茨夫妇说，正是早年间受到巴菲特的启发，他们才有用个人财富回馈社会的想法。

　　世人在羡慕巴菲特这些世界富翁财富的时候，是否也被他们诠释财富的魅力所折服？

我们获取和享受金钱的同时，还应该看到在金钱这个身外之物的背后，不仅隐匿着人的品格与价值观念，同时还隐匿了从金钱走向财富的秘密和规律。从表象上看，一个人有了资本，就有了实力，就能使钱去生钱，以少量的钱生出大量的钱，从而财富滚滚而来；但从根本上看，真正能够使金钱走向财富的，并不是金钱本身，而是在人的灵魂深处的金钱价值观在起着看不见并且是决定性的作用。

亨利·福特有一次被别人问到，如果他失去了他的全部巨额财富，他将做些什么？他连一秒钟都没犹豫，回答说他会想出另一种人类的基本需求，并迎合这种需求，提供出比别人能够提供的更为便宜和更有质量的服务。他说他完全有把握、有信心在五年之内重新成为一个千万富翁。我们有理由相信亨利·福特的自信，因为他有一种别人少有的金钱价值观。

倡导良性的新财富观，形成开明、开放的财富心态，是建立社会财富伦理秩序的一件需要长期推进的事情。让富人群体真正认识到，他们之所以能够拥有庞大的社会物质财富，最重要的原因是受益于这个时代的赐予；而将个人财富反哺于社会，去帮助更多贫困的人，这才是财富真正的意义和价值所在。

3. 富人只是上帝财富的看管者

上帝因为看到财富在富人手中会增值，于是就将财富让富人托管，富人虽然依仗上帝给予的机会和能力获得了财富，可那些财富并不是他们自己的，一旦有需要，就应该把财富还给所有人。

"上帝财富的托管者"这个说法，是在16世纪的宗教改革时提出的，此后它便成了西方富人在财富与信仰之间所建立的一根纽带和桥梁。这时，富人才开始意识到，应当受谴责的不是他们对财富的拥有，而是富人对他拥有财富的过分依恋，最后致使他们成为一个在这个世界上毫无意义的守财奴。

德国社会学家马克斯·韦伯说："商人们意识到自己充分受到上帝的恩宠，实实在在受到上帝的祝福。他们觉得，只要他们外表得体，道德行为没有污点，正确使用财产，就可以放心大胆地创造财富，同时还感到这么做是在尽一种责任。"他的话很好地阐述了这种难能可贵的思想倾向。

亚里士多德认为，慷慨须以私有财产的归属为条件，当人感到一个东西为其所有时，便会获得无限的快乐。人们热爱所有属于自己的物质并从中获得满足，这是自爱的延续，是根植于人本性的、一种自然的情感。后来,休谟发挥了这个观点,他把"财产占有的稳定、根据同意的转让、承诺必须兑现"视为人类社会最基本的三项自然法则。

这种财产权的主张是道德之神的观点,不但西方人拥有,中国古人韩非子也有这种类似的理念:当山上发现一只野兔,就算尧舜这样的圣人也会在后面追逐,因为野兔的名份未定。每个人都想得到它,这种想法是正当的。但市场上有上百只兔子,路过的人却不愿多看一眼,不是因为这些人比尧舜更高尚,而是他们知道那已是属于别人的财产。

所以,只有私有财产制度,才能制约人们相互争夺财产的无限欲望。

一方面,上帝是人世间财产权的全部来源。清教徒认为,财产权在本质上,是人从上帝那里领受的一种"托管"的特权和责任,基于这一委托,生产、繁衍、使用和看守万物,被视为富人的"文化使命"的一部分。所以,任何一个富人,千万不能将财富完全视为自己的私有物。

《圣经》中有这样的记载:主人将要远行,走之前把仆人叫在一块,并根据每个人的能力把财产委托他们管理。他给了第一个仆人5个塔伦特,第二个仆人2个塔伦特,第三个仆人1个塔伦特。第一个仆人拿这5个塔伦特经商并很快又多赚了5个。同样,第二个仆人也多赚了2个,只有第三个仆人把钱埋在地里。主人回来后,跟仆人们结算。头两个仆人都受到了奖励,被允许掌管更多的事情。只有最后一个仆人,被骂为又懒又蠢的人。

所以,才有了这样一句名言:"你看到辛苦敬业的人吗,他必站在君王面前。"

《圣经》给了人们最大努力追求财富的动力,同时也提示人们,一定要让钱流动起来,让它充满生机。一般来说,钱是在有钱的人手里的,而有钱人如果像守财奴一样不让钱流动起来,就会失去拥有钱财的意义。

上帝财富托管者,所强调的观念是,富人是上帝的管家,财富是上帝的赏赐,应当对财富有所敬畏。托管者既然得到了如此殊荣,对上帝所有恩赐感恩和负责使用,就是他们的使命了,如有违约,也理应受到处罚。

众所周知的亚当和夏娃,就曾是上帝的托管者。在伊甸园中,那棵分别善恶的树,具有警示的作用。它既是对世人的提醒和警告,又是对管家的约束和处罚。上帝说,园中各种树上的果子,你可以随意吃。只是分辨善恶树上的果子,你不可吃。但亚当和夏娃禁不住鲜果的诱惑,忘记了上帝的嘱咐,偷吃了禁果。所以才被上帝从仙界发落到了人类,永远承受着劳役和分娩之苦。

上帝赞赏的是那些诚信守诺的人,那些与上帝立约并遵守承诺的人,由于他们对上帝和大自然表示了尊敬,大多成了富有之人。

据说,以色列人将所有收成的十分之一缴纳给上帝,这就是"什一"制度的特殊原则,与上帝的律法一样永存不废。

所以说,"使用金钱的人若认为他们是上帝的管家,所用的乃是上帝的资本,而且终有一天要向上帝交帐的话,金钱就是一种福气。"如果财物使用得当,就能成为人与人之间一条感恩与情感的金链,甚至是人的情感与救赎主紧密相连的纽带。

既然钱财是上帝所赐的,所以富人替上帝当好钱财的托管者,本是天经地义的事。富人所获得的一切财物,既然是上帝的一种委托和信任,将来算账的时候是需要把所经管的账目,向喜欢节约、俭朴和谦让的上帝交代明白的。这是对富人的警告,拥有财富的人应当时常牢记在心。

先哲说:"你的财宝在哪里,你的心也在那里"。一个人的钱包总是放在最贴身的地方。最能吸住人心的东西,就是钱财。所以,从一个人对金钱的态度,可以看出他对生活的态度,因为两者是密切相连的。

钱财若是人的奴隶,就是最好的奴隶;钱财若成为人的主人,就是最坏的主人。在现实生活中,钱财确实是个好东西,它不仅可以买到任何想要的东西,使人摆脱困境,还可以给人带来荣耀。但如果财富变成一个人生存的全部目的和倚靠,财富就改变了它的轨迹和意义,因为它已经篡夺了生命中唯有上帝才能据有的地位。

当人利令智昏时,什么样的东西都可以成为敛财的筹码和工具,即使上帝的使者教会也不例外。1313 年,天主教会在欧洲以兜售"赎罪券"来搜括百姓,他们宣称,购买赎罪券可以缩短人在炼狱里受苦的时间。那可真称得上是一条敛财的锦囊妙计！一时间，教会财源滚滚，雄伟壮观的凡蒂冈圣彼得大教堂就是靠这笔钱造起来的。但这个行为却激怒了天主教修士马丁·路德，他将自己所写的对赎罪券的《九十五条论纲》看法，张贴在威登堡大学的教堂门口，斥责教皇的无耻行径，并由此引发了对现在都具有深远影响的宗教改革运动。1562年，因为东正教和罗马教都对赎罪券不满，天特大公会议终于决定停止赎罪券的发行。

"多行不义必自毙"，就是对那些私欲膨胀、忘记上帝教诲之人的总结。

将金钱与那些有需要的人分享，这是一个人最大的美德，也是顺应了上帝让财富造福人类的旨意。巨大的财富意味着巨大的社会责任，这是"大降大任于斯人也"的最好注释。

曾经是美国首富的石油大亨洛克菲勒晚年写了一封信给儿子约翰，这封充满真情的信件充分体现了作为新教徒的美国企业家的社会责任感，至今读起来仍是感人至深：

"当危机来临时，我们永远不能袖手旁观，那会让我们感到耻辱和良心不安，我们应该挺身而出。因为我们是合众国的公民，我们有使国家和同胞免于灾难的职责。而作为富人，我知道，巨大的财富也是巨大的责任，我肩负着造福人类的使命。"

世界首富比尔·盖茨面对财富的大彻大悟是让世人震惊的，他坦言自己只是财富的看管者，如何把钱花在应该花的地方,是他一直思考的问题。就如西方人一句谚语所说的:"孩子是上帝的,父母只是代上帝看管而已。"

盖茨超脱了一般企业家的境界,他认为自己是全世界的盖茨,是全世界赋予了他财富,他要把这些财富还给全世界。为此,他两次改变了世界:第一次是以软件推动了第三次工业革命;第二次,他用慈善拯救了无数生命,也改变了世人对财富的观念。

现代管理学之父德鲁克,被人称为"大师中的大师"。当他有一次被人问到:"我如何才能成功?"德鲁克回答说:"如果你不改变你提问的方式,那么你注定不会成功。"那人又问:"我该如何提问呢?"德鲁克说:"只有你先问'我该如何贡献?'你才能获得成功。"

"阿里巴巴"创始人马云说过,做企业有三重境界,分别为生意人、商人和企业家:生意人是完全的利益驱动者,为了钱什么都可以做;商人重利轻离别,但有所为,有所不为;而企业家则是带着使命感来完成某种社会价值。如果一个人脑子里想的是钱,就永远不会成功,就永远不能成为企业家。只有当一个人想着去帮助别人,去为社会创造财富,为国家发展作贡献的时候,才能真正成功。

香港上市公司亚钢集团 CEO 符气清也说:"我们并不拥有财富,相反我们只是财富的看管者,所以我们不能乱花钱。如果神认为我们是一个好的管理者,就会给我更多的财富去管理,这样我的收入也会越多。上帝是我的董事长。"

历史经验证明，无论是在和平时期还是在战争时期，个人财富注定无法永恒，这是历史的必然。时间会创造财富，也必然会毁灭财富，不要试图永远拥有它，也不要试图让家族永远拥有它。任何企图跨越历史和时间的个人财富，都是注定要被分解的。

一个人之所以能够富有，是因为他比别人能力更强、条件更优越。有一位叫做萨姆勒先哲说过："百万富翁是自然选择的产物……因为他们就是经过精选的，所以财富在他们手中会累积起来……他们很可以被看作是选来担任某种特定工作的社会代理人，因此他们能获得高薪，生活奢侈，不过这种交易对社会是有益的。"

中国改革开放之后，才重新出现了很多富人，才有了财富这个概念，如果人们对财富有了更高层次的理解，那么富裕起来的人们就会用手中的财富去做充满人生意义而又有益于社会的事情。

4. 追求财富是一种道德

财富作为一个永恒的社会因素，本身并没有太多道德色彩，只是人们对财富的态度截然不同，各持己见，为分清良莠才给财富打上了一个道德的烙印。几千年来，由于中国人历来讲究重义轻利、视金钱为粪土，所以财富在中国人的心目中，一直占据不了道德高地，至今还在一片洼地中挣扎。

中国从20世纪末到21世纪初这30年，与19世纪末20世纪初的美国很相似，都是财富高速积累时期，虽然有些混乱，但均是奇迹迭出。所不同的是，中国的财富出现了，道德却失衡了。一方面，仇富是对财富的不敬；另一方面，炫富则又是对财富的亵渎。于是，财富成了道德的炮灰，富人并不能得到社会的尊重，这是一个财富时代的悲剧。

中国富人要获得道德上的认同，似乎不是一件很容易的事情。经济学家茅于轼曾写过一篇《替富人说话，为穷人办事》的文章，虽然文中说明，其富人的定义"不包括贪污盗窃、以权谋私、追求不义之财的那些人，而是指诚实致富，特别是兴办企业……"但网民看到"替富人说话"几个字后，还是义愤填膺，对这个将近80岁的老人破口大骂，这说明社会的仇富心理是何等严重。

10年前，英国人胡润首开先河，制作了第一份"1999中国富豪50榜"，英国《金融时报》说"共产党国家有了资本家"，《华尔街日报》则说"中国人终于找到了致富光荣的感觉"。但这种财富的归属感和兴奋劲没持续多久，就被2002年的一份关于中国富豪的纳税报告浇灭，富豪们在税收方面确实显得十分扭捏，远没有在别的场合那么大气。从此可以看出，中国新富人一出场就带有原罪的色彩！这自然可以归结于他们的心态尚未成熟，可富人们当时并没料到，他们所创造的财富竟会引起这么大的争议和仇恨。这不能不促使他们去思考这样一个问题：一个人光创造财富是不够的，还要使财富具有阳光，并承担道德的角色。

从这个意义上说，富人补上道德这一课是不可回避的。中国富人在转型期的道德狂妄和瑕疵，将他们推到了一个历史的风口浪尖。富人的道德担当，已不是可有可无，而是更加突现出来，它几乎成了富人能否获得社会尊重的一个不可推卸的条件。

《圣经》中有一段记载，耶稣对他的门徒说：富人想进天堂比骆驼穿过针眼还难。也就是说，富人进天堂的前提条件必须是散尽钱财，这与美国的富人热衷于慈善事业大有异曲同工之妙。

亚里士多德曾给财富下了一个定义：财富是指价值的一种形态，即由货币度量的一切事物。他认为，财富当然是获得幸福的必要手段，但你不能太贪婪，否则你就变成了财富的奴隶，从而失去了自由和已获取的幸福。你若能守住中庸，或许就能获得自由。自由的人，就是对于财富具有美德的人。

英国古典经济学家西尼尔也曾提出过一个新颖的概念，叫做"道德资本"。他认为，道德是一种非物质的资本，国家税收的绝大部分来自利润，但在所有的利润中，物质资本的贡献不到三分一，其余三分之二均来自包括道德在内的非物质资本。道德像体力、智力一样，它们是一种力量，是整个社会财富的来源，而远不止财富本身，道德不但决定着体力和智力的发展水平，还决定着它们发挥的具体方向。

在西方人看来，财富应当不仅表现为物质的东西，还体现于精神的感受。财富既取决于客观上拥有多少，又取决于在主观上对财富的感受。所以，财富是人们精神自由的媒介，而不是内心的枷锁，也就是说，财富只能是美德的附属品。

早在100多年前，德国社会学家马克斯·韦伯在他所写的《清教徒与资本主义》一书中就说到，美国之所以先进于欧洲，尽管欧洲是资本主义的发源地，其中一个重要的原因在于美国人的勤奋和强调对社会的奉献，所以它能迅速立于世界之林的前列。

美国人在其宗教信仰中，始终如一地把勤奋工作、奉献社会等作为美德，重视人生应当以追求美德作为主要目标，而财富只是培养美德过程中的一个附属品而已。因此，美国人的工作时间，比最勤快的德国人还要多。美国大学的一大特殊贡献，就是着力于培养负有社会责任感的精英人才，这是他们对人才认同的出发点和落脚点。

西方人会很明确地肯定追求利益的合理性，只要在不伤害他人的前提下，对利益的追求就是道德的。他们把赚钱看作是一种美德。他们所遵循的原则，正如思想家狄德罗所说的那样："一切人类社会的经济都依赖一普遍而又单纯的原则：我愿意幸福，但是我和别人一起生活，他们和我一样，也愿意幸福；让我们寻求使自己、同时也使别人幸福、至少不能妨碍别人幸福的方法。"

上个世纪 30 年代，法国人托克威尔曾在游历美国后所写下的《论美国的民主》中说：美国的富人大部分曾经是穷人，他们不是依靠继承遗产而毫不费力地过上富裕生活的。他们饱尝辛酸，长期同逆境搏斗，对于贫困深有体会。这些人如今刚刚沉醉于经 40 多年来的奋斗得到的财富以及享受这些财富的快乐之中。因此美国的上层阶级一直毫不隐晦地做着发财的工商梦。

如果从财富的占有量来衡量，现在能被称做上流社会的人大约占美国人口总数的 1%。这 1% 的最富有的美国人拥有全美国财富的 42%。然而，这些拥有财富的人，只能说明具备了进入上流社会的通行证，而真正上流社会的人除了有钱，还必须具有其他相应的条件。

能够进入美国上流社会圈子里的人必定是有钱人。但有钱人不一定都能够进入美国的上流社会。因为，你虽然有钱，还要看你的钱是"新钱"还是"老钱"。所谓老钱就是几代人经营得来的钱，新钱是靠自我奋斗得来的钱，类似暴发户。如果他手中的钱属于"新钱"，那么他充其量也只能说是有钱人，还算不上是上流社会的人。能使自己成为上流社会的一分子，就要看你如何将自己的"新钱"折旧为"老钱"。在这个折旧过程中，很重要的一点，就是看你用自己的财富去承担了多少社会责任。

在美国，一个人有可能在一夜之间暴富，但他决不可能一夜之间迈入受人尊敬者的行列。因为要赢得世人的尊重，要得到社会的承认，光有钱还不够，还要懂得担当富人的道德义务，还要在事业成功后懂得如何回馈社会。

财富与道德是有冲突的，在很多情况下总是不相容的。人们为了实现自己对财富的追求，就会不顾一切、采取一些行为，去达到目的，但这些行为有时与一系列的社会共同行为准则，即道德约束相违背，这就难以循规蹈矩，直至背道而驰，这样，在财富与道德的较量中，就出现了倾斜、失衡以及违反道德的财富。

那么，如何在这两者之间寻找平衡点？一个名叫亚当·斯密英国著名经济学家在这方面作出了很大的贡献。他一生只写了两本书：一本叫做《国富论》，另一本叫做《道德情操论》。前者揭示了人的物质属性是利己的，后者则指出人的精神属性是利他的。他在《国富论》中说："全社会的财富如果不能被全社会的成员共享，这个社会就是不稳定的。"

2004年4月29日，温家宝总理在接受《爱尔兰时报》助理总编采访时更进一步阐释了亚当·斯密的观点："大家都知道亚当·斯密《国富论》的一句名言——市场是一只看不见的手，但他的另外一本著作《道德情操论》却很少有人读过。他在这本书里写道，如果一个社会的经济发展成果不能真正分流到大众手中，那么它在道义上将是不得人心的，而且是有风险的，因为它注定会威胁到社会的稳定。对于我们来说，第一是发展。第二是协调发展。我们要特别重视社会公平与正义。"

亚当·斯密在《道德情操论》中又说：有智慧和有美德的人，总是乐意为了自己那个阶层或社会团体的公共利益而牺牲自己的私人利益；同时他也愿意在一切时候，为了国家的更大利益，而牺牲自己所属阶层或社会团体的局部利益。因此，他同样乐意为了全世界更大的利益，为了人类这个更大的社会的利益，去牺牲上述一切次要的利益。

一个人的富有，仅有钱是不够的，也是不会持久的，富有者只有在对人伦的关爱和尊重上，形成一套被他人所借鉴的价值体系，才能算作是本质上的富有。在那个财富文化中，一个只会创造财富而不懂施与的人不会被认为崇高，而那些施舍放弃财富的人往往被认为是很崇高的人。

由此可见，财富本身并不肮脏，更无与生俱来的原罪，一旦对其注入灵魂——财富道德之后，它将发挥出无与伦比的造福社会、造福人类的神力！难怪已见成熟的西方国家经济发展史，可以清晰地看到，尊重财富的文化基因裂变出了一个个创造财富的奇迹，赚钱是一种美德的观念，就像血液一样在他们的血管里流淌，并已延伸到整个社会各个层面，形成一种良好的财富伦理秩序，让社会财富有序的流动和传承。

在中国，这种财富伦理秩序的形成，当然不是一朝一夕的事，要实现还需一个漫长的过程，还需我们逐步积累这样一个观念即"追求财富是一种美德"，不光如此，我们还需为培植并让它形成一种社会土壤，生出财富之花，结出财富之果。

好在这方面我们已经有了一个认识上的开端，就是这位曾经遭网民痛骂的近 80 高龄的经济学家茅于轼先生曾在广东顺德作了一个题为《道德与创造财富》的专题演讲。在一个半小时的演说中,这位老先生的演讲曾被听众热情的掌声多次打断。他说:道德与创造财富并不矛盾,并不对立。道德是无私奉献,不是索取;财富创造是从私人出发,是索取,那财富创造符不符合道德？我认为财富创造只要是为了奉献,恰恰就是一种道德的体现……可见在追求财富真理的学术探讨中,这位老先生的精神是多么执着,要将财富与道德的真意说清并让多数人接受是何等不易！

在这个问题的探索中,搜狐创始人张朝阳也有不俗的表现,他不仅树立了搜狐的品牌,也树立了自己的个人"品牌"。张朝阳这样注解过做为一个企业家在财富和精神、理想和利益的张力中穿行的态度:"在当代中国,追求财富是一种道德。企业家是光荣的、高尚的、时尚的,不只有帮股东挣钱的责任,社会还赋予他们展示和领导潮流的义务。在一个越来越商业化的社会里,知名度与财富、成功越来越能划等号。"

孔子说:"富与贵,是人之所欲也。"可见财富是人人羡慕的理想和目标。如何认识财富的价值、怎样对待财富的态度,既是一种道德、伦理的取向,也是一种人生追求乃至一种精神信仰。要让追求财富是一种美德的观念在中国深入人心,并成为一种社会文化和伦理秩序,中国富人还需要以更宽广的胸怀去接纳西方富人的财富理念。

5. 聚与散的财富哲学

关于财富的聚与散,这是一个很有趣的哲学命题。一方面,正如孔子所说的,"富与贵,是人之所欲也","富而可求,虽执鞭之士吾亦为之",只要是人,谁都希望拥有财富,并占有财富,这是对于财富的聚;另一方面,古人又"君子以财发身,小人以身发财","自不至太富,富则更散之",讲究有了财富之后,要乐于散财,以保长久之富。

鲁桓公的庙中有个器皿叫"欹器",通常放在案头的右边,所以又叫"宥坐之器"。这个器皿很奇特,像个半倒不倒的杯子,它空的时候是半歪的,水注得太少会倾覆,水注满了也会倾覆,只有水位恰到好处时才是端正和平衡的。一天,孔子带弟子到庙里看这个器皿,他让人取来一瓢水做试验,果然如此。孔子说,这同做人一样,满了就要招损。

如果把古人悟出的这个平衡法则引入到财富中来,也是非常适用的。一个人的财富,如果太集中,太盛极,你和别人及社会之间,就会失去原有的平衡,就会招来溢满之患。这时候,如果将部分财富回馈社会,看似受了损失,实际上这是最好的保富办法。

所以，自古以来，就有"散财分谤"的说法，以此保全财富的安全和延续。曾国藩便深谙此道，他尚未成名之前，就为友人写了一个挽联，发出了"名满天下，谤亦随之"的感叹。他的九弟曾国荃喜欢聚财，被人骂为"老饕"时，曾国藩给他下招，就是"散财求福"和"散财分谤"，并劝他"名之所在，当与人同分；利之所在，当与人共享"。

《大学》里说的"财聚则民散，财散则民聚"，也是这个道理。儒家认为，在一个国家里，道德是立国的根本，财富只是枝末。所以，看轻根本而注重枝末，就会与国民发生争夺。因此，君主只顾聚集财富，国民就会离散；财富分给国民，才会使民心归顺。

战国时的陶朱公，他的财富是三聚三散，最后还是富可敌国，被民间尊为财神，还有汉代"折象分富"、"疏广散财"的过人之处，佛家"积善之家，必有余荫"的因果之言，刘伯温刻在山溪岩壁上"上五里，下五里，若要金银竹桥里"的散财隐诗，都体现了古人对财富聚与散的智慧和认知达到了很高的水准。

台湾星云大师曾有一句名言，叫做"不会散财就不会聚财"。他认为，散财也是一种聚财的方式，而且是一种更为积极的方式。凡为财富，总是要分散的，只是以不同的方式分散于民间罢了。但散财有自觉和被迫之分，其结果是大不一样的。自觉散财，分富于民，结下的是更多的人脉，其实正是更多财富的来源。

也许因为八的谐音是发，中国很多地方将八视为吉祥数字，特别是车号、电话号码之类，有些富人更是非八莫属。其实，在《辞源》中，对"八"的解释是"数目，七加一所得"，没有其他含义；而八以外的每个数目字，都是有本身含义的。在十个数目中，唯独"八"是不吉利的。《说文》给它下的定义是：捌也，像分别相背之形。因此，"八"字真正的含义，不是发财，而是散财。古人在造字时就暗示后人，聚财当然很重要，但散财似乎更是智者之举。

一生好酒贪杯的李白，是一位醉后出灵感的诗人，他的"千金散尽还复来"，是所有生意人都说不出的话。实际上，这句话道出了财富聚与散的深刻哲理，因为能将千金散尽的人，不仅是一个对自己积聚财富非常自信的人，而且通常也是一个具有超常社会责任感的人。

财聚为富，财散为德。小德配小财，大德配大财。财富聚敛得越多，就越应懂得施舍之道。财富如水，如果滚滚而来，明流暗拱，就应有回盼之情，委婉而去；如果只来不去，没有出口，则会招来满溢之灾。所以，好财者既要有聚财之功，也要有散财之德。

财富只有从舍去的那一刻起，才能真正属于自己所有。因为这时，富人将有形的、可以被人剥夺的钱财，转变为无形的、别人无法夺走的财富。这个财富就是美德，它不仅可以为子孙后代所受用，还为千秋万代所铭记。

老子在《道德经》中说："甚爱必大费，多藏必厚亡。"意思是好财的人一定会耗损太多的心思和精力，多财的人不懂得施舍就会招至灭亡。所以，富人如果不懂得流通，不去救助别人，不与他人分享，便会为财富所累，成为财富的牺牲品。

有位先哲曾经作了一个"身家盛衰循环图"，颇耐人寻味。这个图其实是一首循环诗："困穷使人悔悟，悔悟使人勤苦，勤苦使人节俭，节俭使人富足，富足使人骄奢，骄奢使人淫暴，淫暴使人祸变，祸变使人穷困。"这说明了财富聚散与身家兴衰有一个相应的周期率。

前面说过的英国人亚当·斯密一生中所写的两本书，《国富论》和《道德情操论》，前者就是关于聚财的，后者则是关于散财的，这是美国人财富伦理道德观念的雏形。无论是如今的巴菲特、比尔·盖茨，还是过去的卡内基、老洛克菲勒，他们都是聚财的巨头，也是散财的天使。在他们看来，通过个人奋斗聚集财富，是上帝赋予的权力，但紧接着而来的，便是对财富去向的思考，即财富的归宿问题。

古希腊有个名叫彼翁的哲学家，他在谈到一个富有的守财奴时说："他并没有得到财富，而是财富得到了他。"因为，凡是对金钱抱着占有态度的人，他同时也就被金钱占有，只是成了金钱的附属品。所以，一个能够及善于散财的人，往往是金钱的主人，而不是金钱的奴隶。

上个世纪70年代，美国哲学家罗尔斯发表了著名的《正义论》，他的理论几乎贯穿于美国慈善事业的发展史。后来，他的一个名叫诺齐克的哲学家同事就财富的正义原则作了很好的定义，而且极为深刻和准确。他说：获得的正义，着眼于财富获取的过程；转移的正义，着眼于财富的流动。

美国的卡内基、老洛克菲勒，都有"强盗贵族"、"吸血鬼"之称，在获得财富的过程中备受质疑，但他们转移财富的方式却赢得了社会的尊重。老洛克菲勒的好友和顾问弗雷德里克·盖茨曾经告诫老洛克菲勒，如果不在生前以高于聚财的速度散财，他的庞大财产将产生雪崩，祸及子孙。

美国人的税务制度，对财富的聚与散作了一个很好的调节。在通常情况下，白领收入越高，则缴税越多，年薪10万美元以上者，缴税高达40%左右。同时，政府又鼓励捐款，并规定捐款可以抵税。所以，美国人的税收及慈善捐款的很大一部分，通常是用来帮助社会弱势群体的，让财富之水流向社会的最低处，这是很有价值的、现代式的抑富济贫方式，赢得了穷人的青睐。

从全球范围来看，美国的富人比较热衷于社会公益事业，乐于散财，也善于散财；而中国的富人除了港澳台地区外，投身于散财行善、主动去回报社会的并不多。并不是中国这些富人没有多余的金钱，而是缺少散财取义的观念。可以安慰的是近年来这方面的观念正在不断发育，也有很多人开始热衷于这方面的事业，他们的做法也开始影响到了社会和民众。

蒙牛牛根生"财聚人散，财散人聚"的财富哲学，就是这方面的先行者。他不仅不断将自己的股权转送给其他公司高管和有贡献的普通员工，更是散财于社会。2003年圣诞节的晚上，在牛根生的家里开完了高层会，散席之后，牛根生留下了两个人，一个是他在香港的律师，一个是他在内地的律师。牛根生对他们说："我想把我的股份全部捐出去。"并说他不仅已经深思熟虑了很久，而且已经做通了妻子和孩子的工作。牛根生说："人要懂点哲学，每个人都是从无到有，也都会从有到无。钱财生不带来，死不带去。家财万贯，也不过一日三餐，夜宿一床。当一个人的钱挣到某个数后，超额的钱对他的生活就不再有实际意义了。但是，金钱能使人生而复死，精神能使人死而复生。从无到有是快乐的，因为它承认了你的奋斗价值，但人生最快乐的时候是散财的时候，因为你获得了前所未有的尊重，得到了精神享受。"

在中国，这样的散财例子不止牛根生，阿里巴巴创始人马云也是这样做的。马云与多数民营公司老板加大个人持股比例不同的是，马云在公司上市前分散股权，他仅持有7%的股权，而阿里巴巴65%的员工都持有股份。这样阿里巴巴上市后，1000多名员工都成了百万富翁。苏宁电器掌门人张近东除了分配股权给总公司数名高管之外，还用此招来稳定苏宁各地分公司的管理团队，根据苏宁各地分公司高管的表现，给予他们一定比例的分公司股份作为奖励。他说："当你赚1000万的时候，那是你自己的，当赚更多钱的时候，就是属于社会的，苏宁是社会的，我只是管理者和责任人。我在日本考察过一些做得很成功的全球性大企业，最初的创办人家族股份如今所占比例其实已经很少，甚至已经不再是大股东。"

他们对财富聚与散的做法，印证了这样一个道理：财富聚集的时候，实际上是一个人事业得到认可的时候，这是一个人得到社会价值的过程；而金钱散去的过程则是一个人的人生价值实现的时候，是一个人精神升华的过程。

6. 在巨富中死去是一种耻辱

卡耐基出生的那间已经开辟为博物馆的邓弗姆林小屋，记载着美国钢铁大王传奇的一生。他的临终之言"在巨富中死去是一种耻辱"，得到了许多美国富豪的认同，并正在逐渐影响着全球富人的财富观念。

卡耐基也曾在《财富的福音》中说过："应该好好记住，赚钱需要多大本领，花钱也需要多大本领，唯有如此才能有利于社会。"作为美国第一代超级富翁，卡耐基捐出了他的全部身家。

卡耐基不大主张财富零零碎碎地分给普通老百姓，而是通过设立基金会，以企业化的管理方式，让它增殖和壮大，之后再去回报他人和社会。这种行善方式，不仅使卡耐基基金会历经100多年而屹立不倒，而且奠定了美国现代慈善事业的基础和模式，从而成了美国人一种社会美德和社会责任的象征。

闻名于世的诺贝尔奖基金会也是如此。一个世纪过去了，依靠这种基金式的专业管理，诺贝尔的遗产不但没有减少或消失，反而在增值，他仅靠其利息就使自己的名字和影响流传至今并将永远流传下去。

财富是有时代烙印的，不同时代的财富有着不同的价值取向。早在1899年，社会学家斯坦恩·凡勃伦便在《有闲阶级论》中说："被动地从先祖那里继承财富要比靠自己努力发家致富的人更受尊敬。"在那个时代，大多数跻身上流社会的人，都以仰仗祖先的遗产和家业为荣。

100多年过去了，财富被注入了新的元素和意义。如今美国人所继承的财产，在富翁财产总量中所占比例还不足10%，绝大多数富人都是白手起家。伴随这种现象的，是美国人日益崇尚自我奋斗，而不是不劳而获，坐享其成。

世界二号富翁沃伦·巴菲特就讽刺那些继承人是"幸运精子俱乐部的会员"。有一次正值公司召开股东大会，巴菲特在会上说："那种以为只要投对娘胎便可一世衣食无忧的想法，损害了我心中的公平观念。"巴菲特说这番话的时候，1.5万名股东听罢掌声雷动，巴菲特接着说："我的孩子们也在这里！他们是不是也在鼓掌？"

巴菲特虽然创造了巨额财富，但另一个方面，他至今仍住在50年前用3万美元买下的没有仆人的旧房子里，在香港出差的时候，他还用宾馆赠的优惠券去买打折的面包，家人给他买件新衣服他却拿去退掉。用美国人的话来说，他的这些做法,"让那些醉心于购买飞机、游艇、豪宅供个人享乐的暴发户们汗颜。"

美国人泰德·克罗夫德在其《金钱传》里说得非常透彻:"金钱的本义是牺牲、贡献、分享。"这说明了金钱不是孤独地拥有和存在着的,富人得到它,当然需要付出劳动智慧和牺牲,但在享有它时,则包括了对社会的贡献与他人共同的分享。

2001年,当布什总统签署旨在逐步削减并最终废除遗产税的法案时,作为最大受益者的富豪们反而予以最强烈的反对。这其中包括盖茨的父亲老威廉和巴菲特等在内的120名美国大富豪,他们联名在《纽约时报》上刊登广告:"请对我们征税。"

这些富豪指出,取消遗产税将使美国百万富翁、亿万富翁的孩子们不劳而获,使富人永远富有,穷人永远贫穷,这将伤害穷人家庭和社会平衡。对于西方的很多富豪来说,把自己辛苦打拼创下的财富捐赠出去,去造福社会,而不是留给子孙去挥霍,让财富在自己身后继续发挥最佳作用,是一种理想的结果。

在美国富人的捐赠上,遗产税起到了很好的调节作用。美国联邦遗产法的基本框架由1976年的《税收改革法》确立,当时遗产税起征点为60万美元,现为200万美元。遗产税征收采用累进税制,遗产越多,税率越高。但对于富豪捐助慈善事业,则有一定的税收减免政策。

遗产税是西方人行善的杠杆,它告诉富人:财富越多对社会的责任也就越大。这样就让富人在选择被动缴税之前,通过主动捐赠的方式实现自身财富的最大价值,并通过这种形式,强化富人的社会责任感,形成一种乐于行善的财富文化。

美国人对财富的态度,也就是乐善捐赠的态度,是有历史根源的。慈善是一种传统,他们把纳税看成是一种义务,逃税更是一种耻辱,富人自然更不例外,"没有人能够豁免赋税和生死"已成美国人心目中一种永不磨灭的金科玉律。

在美国,最富有的人中20%所捐赠的钱,占了全部慈善款的2/3。但在中国,据一项调查统计,慈善捐赠的70%来自国外和港台地区,内地富豪的捐赠不到15%。之所以产生这种冷漠,除了中国人致富历史短外,最主要的是慈善文化和观念的缺失。

据民政部不完全统计,2008年6月,全国承诺捐赠款物达29.59亿元,但接收捐赠款物实际到账金额只有9.15亿元,占承诺捐赠额的30.9%。这种"诺而不捐"的现象,不仅是中国富人的耻辱,更是中国富人的悲哀。

随着时代的进步,中国富人已经开始苏醒。江苏黄埔再生资源利用有限公司董事长陈光标,今年在全国两会上提了一个关于征收遗产税的提案,他认为,富人应该缴纳遗产税,至于这个遗产税的比率,至少应为60%。他说:"人总会老的,我打算拿出90%的遗产税捐给社会,富人更应该回报社会。"

在众人为"在巨富中死去是一种耻辱"喝彩时,我们中国人也开始从先祖的樟木箱中翻出"穷则独善其身,达则兼济天下"的古训,这是中国古人理想的财富境界,也应该是中国当代富人的财富准则。

7. 美国富人的老钱精神

无论在古老的欧洲,还是在新兴的美国,不是富人有钱就能获得社会的尊重,还要看富人的钱是新钱还是老钱。

正基于此,欧洲人一向有些看不上美国人,其关键原因,就是美国像个暴发户,是新钱的拥有者。在欧洲,从资本主义起步到现在至少已有400多年得历史了,这期间并无什么大的社会变革,私人产权一直被视为圣神不可侵犯,于是很多钱就一代一代被传承下来,所以欧洲人的钱特别老。而美国人的历史,从头到脚加起来也不过200多年,没多长历史更无多少文化积淀,所以欧洲人认为美国人的钱不够老。

欧洲人说这话时,一直把自己看成蓝血贵族的传人。古老的西班牙人认为贵族身上流淌着蓝色的血液,他们常常动不动就自豪地挽起袖管,展示自己雪白小臂上清晰可见的蓝色静脉血管,称之为蓝血。后来,西方人用蓝血泛指那些具有老钱的高贵之人。

从历史发展看，美国人并没有像欧洲人那样，经历过漫长的君主社会，但那些早期从欧洲来的移民在发了财之后，认为自己就是蓝血世家，渴望建立一个贵族圈子。当然，在美国受到君王的册封是不可能的，于是，很多人就凭借手中的财富，回到欧洲和贵族联姻，镀了一层金回来后，就成为事实上的蓝血阶级。美国的新英格兰地区就是这些蓝血世家的发源地，也是美国人的老钱大本营。

华盛顿的贵、西雅图的富、里士满的孤傲，都说明了老钱在美国人眼中的分量。老钱不仅仅意味着财富，还有身份、地位、家世和教养，而新钱则只是暴发户的代名词而已。所以，在里士满的贵族眼中，纽约的有钱人多少年来都不只过是一群钱包鼓起来的没有多少文化的乡下人。

新钱是富，老钱是雅。一个新钱人，他所能做的，只不过是物质享受，而一个老钱的拥有者，所被赋予的，是一种优越身份资格，代表着高人一等的文化，以及属于特等阶层的权势。

因此，很多美国新富豪就散尽千金也要竞相购买进入老钱阶层社交圈的隐性门票。其中那些华丽的慈善晚会，就是这些美国新富出手斗富的场地。这些做法一直延续至今，甚至还在发酵，并成为一种传统美德。

一位美国作家曾形象地说过：美国财富新贵有一个梦想。有一天，戴维·洛克菲勒翻开社交名流的名单，发现了你的名字，接着他打个电话给你："我需要向你借点钱"，然后你就慷慨解囊，然后你就进入了那个圈子。

众所周知，洛克菲勒家族由于有了6代的传承，已成了美国老钱阶层的标志性符号。可以设想当年老洛克菲勒在挣这笔新钱时，其过程无疑也会是相当血腥的，故此，当时的人们称其为"这个时代最大的罪犯"。但当他把新钱变为老钱时，其勇气也是无人能比的，因为他在财富达到巅峰后，把慈善事业也做到了至高无上的境界。

财富是有年龄的，越老就越有底蕴。如果把新钱与老钱看成一个比值，新钱只是老钱的一个分子罢了，其分母才是它全部的意义所在。所以在美国，老钱是一个"看不见的顶层"，像洛克菲勒家族、普家族、杜邦家族、梅隆家族、福特家族、文德比尔特家族等，真正使财富稳固的还是那些老钱精神。

财富也是有思考的，它总是愿意选择一个有利于繁衍的方向流动。美国人的老钱，大约在十八世纪末期达到了顶峰，当时许多富人家族也习惯于把财产平均分配给孩子们，但他们随后便发现：这种平均分割的作法，其后果是可怕的，因为分割后的钱财还会随着后代离婚、再娶、守寡、再嫁的不断分割，将整个财富分解得支离破碎。于是，一种财富反思运动兴起了。

老一代的富人们开始要求孩子们不仅需要懂得怎样花费自己不费吹灰之力就能得到的巨额财产，更要培养一种勇气、胆识、礼貌、谦恭及公平竞赛的社会精神。渐渐地，这样一个贵族阶层产生了："有责任感，行为举止值得效仿，拥有一颗博爱之心，而且还有一大批先天遗传或后天培养出的精英来赋予这个阶级文化的凝聚性和社会的兼容性。"

这些反思和理念被当时一位叫尼尔森的美国人提炼出来：《老钱：美国富人的精神起源》，它很快就在美国流传开来。尼尔森在写这本书时回忆说：小时候走进祖父的书房、亲吻正在休憩中的祖父时，发现在祖父腿边放着两本书：《共产党宣言》和《美国六十大家族》。祖父告诉他：我们家族"为这个国家所做的一切比所有普通贡献者加起来还要多，也要为这个国家付出巨大的牺牲。"

祖父这句话给了尼尔森很深的印象，并在他幼小的心灵中埋下了种子，他不仅要使自己拥有更多的财富，还要把对财富的真谛传递给更多的人。最后，他感叹说：老钱阶层就要让男男女女的继承者们，心中怀着提升整个国家的信仰，如果不那么做，那将是这个国家的灾难。

因为种种众所周知的原因，中国是一个没有老钱的国家，新富也大多是近30年里成长起来的，其富人群体大都集中在41～55岁之间，他们一直忙于打江山的奔波之中，根本没有余暇去思考财富的哲理，也没有新钱、老钱的概念，一不留神炫了炫富，便招来社会如潮水般的指责和仇视。我以为，如今真是到了中国富人反思财富的时候了。

借鉴西方发达国家的经验，使中国30年来积累的财富更有效地代代传承，并使它具有中国富人的老钱精神，这是财富本身对中国富人提出的切实要求和使命。

过去，中国富人一直认为，财富传承只是个人或家庭的事情，无关他人、社会或国家的事。事实并非如此，财富传承不仅仅涉及一个家庭的兴衰，也是与社会评价、国家命运联系在一起的。一个真正的大国需要一批财富家族，需要一种老钱精神，去发挥楷模作用，以更好地引领财富的方向。

曾对财富原罪之说深有感触的地产大亨冯仑说："中国的新富无一例外都在近30年里长成。他们前面、头上没有一个老派的旧钱贵族，没有一个榜样对他们进行有力的财富教育。他们炫富，常常为了洗干净贫困记忆的污痕。"

他认为，钱的时间长短气味上也有区别，在欧洲，越老越长的钱越有贵族气，就是说它比较沉稳，掌握这个钱的人性格也比较成稳。另外，他们会做一些公益的事情，即这些基金会拿着这些钱再去做好事。而新钱往往比较鲁莽，拿下来很快就要折腾出去。所以在欧洲最近有专门的人研究这些老钱。

为中国富人排座次的英国人胡润也说："在欧洲，老钱和新钱是个频繁被提及的概念。老钱购买的、积累的，都是有历史的东西，新钱购买的就是市面上流行的新货色，这中间是个传承问题。"

他认为，只有到了富三代，中国的贵族才会成型，一个真正的上流社会也会成熟，在这之前，我们只能用新贵族来称呼他们。比如，一个英国商人，他的办公桌可能就是遗传下来的，是他爷爷的爷爷曾经使用过的，然后传到了他这一代，他会懂得其中的意义。但在中国大陆，这种家族和企业却还没有出现。"

如何使新钱能够变老,也就是说,如何使中国近30年中的新钱慢慢地变成老钱,所伴随的是对财富的正义理解、财富秩序的建立以及中国富人老钱精神的树立。

8. 做一个成熟的富人

西方人把幽默当成一种智慧,因此,幽默便充斥了整个生活,甚至包括严肃的遗嘱。

曾有一位法国富翁去世前留下这么一份遗嘱:我曾经是一位穷人,但在跨入天堂之前,我想把自己成为富人的秘诀留下,谁能答出"穷人最缺少的是什么?"将可获得我留在银行私人保险箱内的100万法郎,还有我在天堂给予他的欢呼与掌声。

结果,有48561个人寄来了答案,可谓五花八门,应有尽有。最终获得此奖的,却是一位年仅9岁的女孩,她在发表获奖感言时说:"每次,姐姐把她11岁的男朋友带回家时,总是警告我说,不要有野心!不要有野心!于是我想,也许野心可以让人得到自己想得到的东西。"

原来,这位富豪的致富秘诀是:穷人最缺少的是成为富人的野心。

　　穷人最缺少的是成为富人的野心，那么富人最缺少什么呢？从全世界范围来说，应该是慷慨的道德意识和正面的社会责任。在这个世界里，永远存在着这样一个无法消除的矛盾：富人不够慷慨，穷人不够理智。

　　富人不够慷慨，是指对社会过于吝啬，而对自己却奢侈无度，这种现象在中国尤为突出。中国人均财富不到美国的2%，奢侈品消费却占了全世界消费量的20%，坐了世界第二把交椅。世界顶级轿车开到中国，销量之大，连外国的卖车人都在喜悦之余感到莫名的困惑。可是在中国1000万个企业中，真正有慈善捐赠记录的却只有10万家，不到1%。中国富人对于社会来说，更像巴尔扎克笔下的吝啬鬼葛朗台。

　　穷人不够理智，集中表现在仇富现象上。邓小平的先富论像一把双刃剑，既改变了中国人的困境，也打破了中国人的心里平衡。在这些先富人群的财富中，尽管有一部分是灰色并带有原罪的，但这些富人的主流还是为社会创造了价值，是社会最大的纳税人和贡献者，所以，在穷人仇富情绪中大多也缺乏一种理性。

　　富人不够慷慨也好，穷人不够理智也好，这只能说明，在现阶段的社会里，富人与穷人都是不够成熟的。在一个真正成熟的社会里，不仅富人成熟，穷人也是成熟的。只有富人和财富成熟了，才意味着这个社会的真正成熟。

　　然而，富人的成熟是有历史过程的，财富的成熟也要付出相当的代价。毕竟，中国富人的钱大多是新钱，烫手的钱，没有多少文化的沉淀。如果能够借鉴西方财富成长的经验，来作一些审视和效仿，应该说，这也是一件很有意义的事情。

在欧洲，贵族的地位是世袭的，不完全以财富来界定。平民虽然有了财富，但并不能获得那种贵族的体面和尊贵。尤其在英国，如果不去购买贵族爵位，仅仅凭借财富，那是无法赢得社会的尊重的。

然而，这些平民新富在财富力量的怂恿下，并不想始终居贵族之下。于是，17世纪以后，通过办实业成为富人的一些平民，财富的直接指向就是政治地位。他们没有世袭爵位，就用自己的财富和优秀的品德行为向社会证明：自己是值得社会尊重的，财富比权贵更加有益于社会。

这些新富明明知道投资土地不赚钱，但还是大量购买土地，为农民提供土地和新的技术指导，让农民获得好的收成，在促进农业革命的同时，也提高了自己的威信；有的则直接从事福利事业，修桥补路，振灾济贫，以此扩大自己的影响力；还有的则通过在本社区的经营和服务，成为公共领袖，被选为下院议员，拥有了政治权力。

这些新富最终想做的，就是要创造一种与贵族不同的自我认同，以此向社会证明：他们代表的新阶级比贵族更高贵，对社会更有益。其弦外之音是：不仅因为他们有钱，更重要的是他们要承担一种社会责任。

不仅如此，在生活细节上，节俭成了他们明确的、刻意营造的价值指向。比如在模仿贵族修建乡间别墅时，他们会着意突出朴素的风格；在日常生活开销中，他们会去展示体面而有节制的形象。他们以自己勤奋、简单的生活方式，与贵族的奢华作对比，甚至在媒体上刻意炒作，在民众中产生了一种很好的亲和力。

新富这样做的目的，是要向社会证明：把财富和权力放在他们手里，要比放在贵族手里对社会更有利。这种节制、负责的上流文化，特别是在一些新教国家，已经逐渐演绎成了统治文化，成为主宰着现代上流社会和中产阶级的道德取向。

前不久，法国一个名为"拯救富人"的民间组织开始引起大众关注。他们到高档餐厅给富人发普通的棍子面包，提醒他们"花3欧元同样也能吃饱饭"；给曾声称"如果50岁还没有一只劳力士表，那人生就算失败"的富豪，赠送价值7欧元的电子手表并使其不得不当场戴上；萨科齐总统的儿子去高档俱乐部用餐，就给他颁发了一张"爸爸的儿子"证书，以此批评其靠父辈财富过奢侈生活的不良行为。

这些人所做的，除了是对一些富人的奢靡之风进行艺术性的抨击之外，更重要的是在推动一种节俭的财富文化，提倡一种简单的生活方式。这是一种温和的提醒，而不是暴力式的仇视，这也是资本社会的一种成熟表现。

在许多发达国家，富人自己花钱小心翼翼，但给社会捐款则争先恐后。人们谈论一个体面的富人时，很少谈他们住什么房子、开什么车、怎么花钱，而是这些人都捐了什么。

最近，从一个对美国百万富翁的研究中发现，这些百万富翁大多数开平民车，用旧家具，甚至选的电话公司也常换，为的是找个便宜的服务。这种几个世纪培养出来的上流社会文化，对于中国的富人来说，是值得好好思索和学习的。

所以，当我们把目光从西方富人转向中国的富人时，便会发现，中国的富人还处在一个并不成熟的阶段。

前不久，《福布斯》中文版突然宣布，不再制作"中国慈善榜"。尽管当时该杂志的主编解释说取消慈善榜主要是因为排名只让读者关注到谁捐了多少钱，对推动中国慈善事业并没有达到预期目标，但舆论还是认为中国慈善事业还不够成熟，难以成榜。

著名经济学家、博鳌亚洲论坛秘书长龙永图在南京说过："我们虽然还不是很富，但也要开始学做成熟的富人。"并说应该杜绝奢侈、浪费等暴发户心态，要有大国风范，此话赢得了与会者阵阵掌声。

万向集团的创始人鲁冠球曾对《华尔街日报》记者说："现在有许多出名的企业家，一有地位，一有钱财，就想着个人享受了。这是要跌跤的，因为他们不会管住自己。"

在财富面前骄横跋扈而管不住自己的人，其实就是一个不成熟的富人。这并不意味着中国缺少这种财富文化的底蕴，古人的"富且仁"、"富而不奢，求实内敛"、"富而不骄，贵而不舒"、"以德遗后者昌，以财遗后者亡"、"富润屋，德润身"等，都是一些非常有智慧的古训，它告诫富人，成熟的最起码条件是清醒而理性，只可惜这些宝贵的古训让它们待在先祖的樟木箱中尘封得太久，早就被后人遗忘了。

一个成熟的富人需要成熟的财富伦理做支撑。据一些财富报告显示，中国内地家产上千万的富人已达32万人，一个富人阶层正在形成。但与之相匹配的财富伦理却没有随之形成，当财富没有正确的目标指向时，一个个富人突兀地站在公众面前，哪怕是花自己的钱，也要受到社会的大声责难，而他们似乎也很委屈。

上世纪80年代的台湾，曾是豪华车、私人飞机密集的地方，几乎所有的商人都以这种方式来展示他们的富有。但20年后，飞机和豪华车都不见了，这些商人显得越来越低调。这个过程，正是富人逐步转向成熟的过程。

一位财富专家说："从没钱到富有，很多人对物质有要求，对奢侈品很追求，但过了这个阶段，他们会发现适合自己的消费，才是最为理性的。"所以，成熟需要一个过程，一个返璞归真的过程，一个理性的过程。

做个成熟的富人，在花钱上也是有格调的。比尔·盖茨给世人的印象，不仅是喜欢坐经济舱、吃汉堡包、穿牛仔裤，还做着世界上最大的慈善事业，这是众所周知的。但他奢侈的一面，也会隐藏着极端的想象力和令人意想不到的社会意义。在比尔·盖茨的客厅里，有一个庞大的水族馆，养着世界上最大的鱼。它不是鲨鱼，也不是鲸鱼，而是一条濒临绝种的鲸鲨。这种"奢侈"，不是一般的钱可以做到的。

在它的背后，除了人工养殖世界上最古老的生物意义之外，还需要一整套海水水力系统做支撑，以及一个由科学家、动物学家组成的科研小组，才能帮助比尔·盖茨完成人类社会良心和责任的呼唤。

当今看来，数风流人物确属比尔·盖茨，即使是装点家居，也要运用最前沿的科学成果。所以，《格调》里说，富人当然不能没有钱，钱是基本前提。但成熟的富人，更需要的是极端的想象力和社会良心。

第四章 财富厚理性：辅佐和制度是两个前驱的轮子

世界各国的财富继承方式虽然各有千秋，但都日趋理性。如果我们能将美国人的"每一代人都应承担起创造自身财富的责任"这种做法借鉴过来，就可以让富二代确切地明白：财富接力棒，传递的不仅仅是财富和权利，更重要、更长远的是义务、精神和责任。

——启示录

1. 中国人"子承父业"的世袭观念

在财富继承上，中国人的排位顺序，永远是儿子第一。这是一种思维惯性，也是一种文化积淀。其根源不是别的，而是为了延续家族的香火，保证财富不外流。中国人的这种传统的"家文化"使得"子承父业"成了一种根深蒂固的传承方式。

"子承父业"出自宋·释道原《景德传灯录·利山和尚》："不历僧只获法身，请师直指。"师云："子承父业。"其实从奴隶制社会开始，古人就开始了传承。只是由于受宗法、纲常思想的影响，中国古代侧重于权利和身份的继承，而对财产继承则放在其次。

中国人在财富上的诸子均分，是从秦代商鞅变法时开始的，这是井田制流行均田所带来的一个缩影。商鞅为了为了获取更多的税赋和役卒扩充秦国的实力，拆散父子兄弟同居一处的大家庭，推动了以一对夫妇为单元的小家庭制，从而形成了历史上诸子平均析产的方式。家产因每一次分家而愈来愈分散，财富也就因每一次分割而愈来愈弱小。

后来，统治者为了削减王孙后代的势力和封地，采取的"削藩"制就是在此基础上加以改造的。

西汉时期,刘邦铲除异性王后,刘氏王孙把文帝的仁义治国看作软弱无能,故而拼命扩大自己的势力,文帝的智囊们见此便给文帝献策"削藩"。齐王刘襄有四个儿子,在他死后,文帝便以此为策将齐国的土地一分为四作为赏赐,给了他的四个儿子。此后,各刘氏封王死后,都照此办理。这表面看来是对王室后代的赏赐,其实质却是削弱了各封王的地方势力。

无论时光如何流淌,几千年来,嫡长子继承制却恒古未变,成了中国人宗法制度的底线。有意思的是,男权社会由长子拥有优先继承权,而母系社会中则由长女拥有优先继承权,性别可异,但长"字"却不可变更。

欧洲也实行长子继承制,但继承方式却与中国不同。欧洲人的长子继承制,是将权力、身份、财富一并继承,不许分割。其余的儿子,由于缺乏财产,为了谋生不少人只能出走江湖,沦为骑士。从某种意义上说,它虽然有失公允,甚至缺乏起码的人性,但却是十分理性的。因为,它最大限度地保持了家族财富的完整性和传承性,使之更有规模,更有延续力量和总体优势。从而使家族财富不因分割而变小变弱,使家族财富保持得更远更久。

中国人的嫡长子继承制,只是权力、身份的继承,在财富上则是诸子均分,包括私生子也有一份,这是法律明文规定的。这种瓜分和化整为零的方式,往往会让财富渐弱渐失。

中国人这种"不患寡而患不均"的文化积淀和思维方式,最集中的体现,就是对财富诸子均分的彻底性和不妥协性,以致使它几千年来都成为最为理想的财富分配铁律。不可否认,它虽然可以将财产继承中的家庭冲突、种种纠纷降低到最小程度,但却给财富传承带来了毁灭性的打击。

无可讳言,由于这种财承方式的延续,无论第一代的财富多么庞大,到了第二、三代手里,就是一个不断递减、瓜分、萎缩的过程,情形就像一块滚刀肉,切来切去最后的结果只能是支离破碎,过不了多久,便消失殆尽。从经济学上来说,这种分割法,削弱了财富的规模效应,给财富带来的不是成长而是死亡。如果从这个角度去思考,就不难理解中国人走不出"富不过三代"魔咒的原因所在。

中国改革开放 30 年以来,私人企业日益增多,目前我国大部分家族企业已经进入了权力交接的高峰期,很多家族企业家忧虑的已不是诸子瓜分财产的问题,而是家族企业权力交接的方式。尽管中国已经加入世界贸易组织,惨烈的国际竞争已经迫近家门,然而,从中国已经实现权力交接的民营企业来看,90% 以上的企业似乎都选择了"子承父业"的模式。这说明在中国目前的"土壤"上,这种模式更适合企业家们的胃口。

方太公司是一个生产厨房设施并试图打造"家文化"的企业,也是一个实实在在的家族企业。开创人茅理翔在处理企业产权和财产上的做法,比较符合中国当前国情。他认为,现在还不到完全否定家族制的时候。目前中国法治环境还不完善,很多职业经理人的技术素质和道德素质并没有经过考验,在一个信用缺失的环境中，让创业者把经过多年拼搏创造出来的财富交给别人去打理，是很难让人放心的，所以企业能传给儿子就尽量让儿子去接班。

茅理翔的家族产权"口袋论"，与欧洲人的财产继承观念比较接近。他主张把钱放入一个口袋里，避免给企业埋下定时炸弹，最后导致家族和企业分崩离析。为了防止使企业成为家族冲突的牺牲品，他把自己、妻子、儿子放入一个口袋，而给女儿制作了另外一个口袋，让她出去独自创业。

财富在自己的血脉里安全地流动，当然是令人欣慰的。但血缘和亲情，这种左右财富传承的核心价值元素正是中国人财富的一个"生死劫"。不幸遇难的山西省海鑫钢铁有限公司董事长李海仓认为，中国大多数民营企业难以超越自我的主要原因是，长期以来局限在家族化这一怪圈当中。倒在这个怪圈里的还有不少是全国知名企业。研究家族企业史的学者发现，在所有把财富转移给下一代的家族企业中，至少有80%的家族生意在第二代手中完结，只有13%的家族生意成功地被第三代继承。

公元2005年5月22日，*ST哈慈在众多股民哀叹声中走到了尽头，黯然从A股名单中消失了。郭立文败走哈慈，从此哈慈神话破灭，直接原因是决策错误导致多元出击，而决策错误的背后的根源就是家族经营的弊端。

当"打虎亲兄弟，上阵父子兵"、"肥水不流外人田"的亲情价值观取代了理性的权力棒交替时，它对财富成长的威胁和隐患就已浮出水面。这种现象不光是在中国的国土上，就连海外华人也难逃覆辙。

哈佛物理博士王安，早在1964年已推出了最新的用电晶体制造的桌上电脑，他用短短20多年的奋斗，就在美国创造了一个价值几十亿美元的电脑王国。而短暂的辉煌之后，就像它神奇的崛起一般，仅以不到10年的时间，这个王国便衰败了。从而"王安电脑神话"成了今日经典的营销案例。王安在公司内部采用的具有中国式"人情味"的管理体制，被称为"王安模式"。他任人唯亲，盲目地让大儿子接替自己的职位，这激起了公司高层人员间的矛盾，之后，一些忠心跟随王安创业的公司元老愤然离去，致使王安电脑伤掉了最后一点元气。

无可置疑，第一代富人大多强势而智慧，但过渡到第二代后，其臂力与能力往往有所减弱。所以，要保持家业的长青，家族企业的社会化也是跳不过的。

英国人胡润说过，在未来10年到20年里，中国民间财富将进入从第一代创业者转至第二代的高峰期。在这个历史关键时刻，富一代应该更迫切地关注这个问题。最好是放开眼界，看看欧美人是如何处理这个问题的。

欧美人的财富传承经历了好几代人，对如何看好钱财很有经验和本领。他们的家族企业都有一个以家族的名义进行经营的基金会，它有着严格的监督体系，基金的继承者本人是不可以随意操纵这些私有财产的。

我国一些民营企业家的先知先觉们几年前也开始重视这个

问题了，浙江正泰集团 2005 年就尝试性地走出了这一步。正泰集团为培养"二代接班人"安排了具体实施方案，核心内容是设立由股东股份组成的"创业者基金"，该基金由职业经理人进行管理。他们希望能突破亲情，让基金管理形成一种制度化，以促进企业健康发展。正泰鼓励高管的子女念完书后不进正泰，先到外面去打拼。几年后经过考验成器的，可以由董事会聘请到正泰集团工作；不成器的败家子则由基金养活。所以，媒体就直接将这个基金称作"败家子基金"，这在当时曾引起舆论界一片哗然，大家一时分不清这是富爸爸们黔驴技穷，还是杞人忧天？正泰董事长南存辉以他的观点作出了回答："制度的创新才是企业发展的根本。"

家族财富的短命，是传承方式的问题，更是传承的理念问题。要走出"富不过三代"的魔咒，不是诸子均分的分割，也不是延续香火的世袭，而是如何看待家族财富的归宿问题。如果能将个人财富看成是社会财富的一部分，让有才能的社会人来打理，并让其走向社会化、造福社会，这才是家族财富永续的科学之道。

2. 日本人的"女婿养子"制度

在寻找继承人的问题上,日本人与中国人可谓大相径庭。中国人一直遵循"子承父业"、"传子不传女"的做法,不仅是财产,包括一些祖传秘方和技艺也是信奉这种理念。

日本三井家族一位掌门人却说:"我宁可要女儿而不要儿子,因为有了女儿我可以选择我的'儿子'。"

这就是日本家族企业寻找继承人的"女婿养子"模式。

大和民族是一个把家业看得比血统还重要的民族。如果创始人认为他的儿子没有能力,或者不愿意接管企业,他就会在公司年轻人中物色一个能力最强的小伙子,先把女儿嫁给他,婚满一年后,再举行仪式让其改姓将女婿正式收养为自己的儿子。以后,就由这个女婿养子成为家族的掌门人,并正式掌管企业。

这种养子制,深刻地反映了大和民族的价值观和伦理观。日本人虽然看重家业可又很注重出身,一些重要的职位都是由家族成员把持着,没有家族的血统就无资格担任。为此,过继就成了变相解决血统的办法,实质上这也是防止家道败落的一种机制。几乎所有知名的家族企业,为防止不肖子孙败落家道，都是很早就在寻找、收留德才兼备的养子来继承他们的家业，其中女婿养子是最有优势的。它可以继续利用'家'的传统力量，围绕血缘进行延伸、扩大。毕竟'女婿'加'养子'要大于单纯的'女婿'或'养子'关系，由此，信任的基础被强化，由这样的'女婿养子'接掌家族企业，背叛的概率会小，代理人问题会低于把公司委托给一个不相干的人去管。把接班人的选择范围大大扩大后，不只是在儿子中挑一个，而且可以在企业年轻人中更广泛地去物色，这种看似自欺欺人的"血统选择"正是大和民族的聪明和实用之处，他们所以心知肚明地将"外血统"纳入"内血统"，就是甘冒血统不纯的危险，也要以恩赐的方式将"外血统"的贤才揽入自己怀中。这样既使"外血统"的女婿养子感恩涕零地为其效力，也为企业的长盛不衰揽尽人才。这种思路与他们早年的"明治维新"和后来的大举侵略并意欲建立"大东亚共荣圈"如出一辙。

日本家族制度起源于中国，但在发展过程中有了一种变异，收养别人的孩子来做继承人，就是其中一个很特别的现象。更重要的是，日本养子当家，不是个别的，也不只是民间，大至皇室也如此行事。至于日本企业界，女婿养子形成的财富继承模式，已广为流行。

三井历时300年不衰、住友开业数百年的强劲不倒、三菱愈久弥坚的鼎足之势，在很大程度上都是女婿养子之功。

19世纪末的丰田佐吉着力经营的是机械纺机，在他寻找继承人的时候，他没有选择自己毕业于东京帝国大学工学部机械专业的儿子丰田喜一郎，而是看上了当时日本财经界头面人物儿玉一郎的弟弟。因为哥哥的成功，儿玉利三郎就读于神户高等商业学校，并成为一名干练的商人。丰田佐吉看中他后，就将长女嫁给了他，并将他收养为女婿养子，于是儿玉利三郎改名为丰田利三郎，掌控了丰田整个家业，成了丰田自动织机制作所第一任社长。1937年，这个公司的汽车部独立出去，成立了一家汽车公司，利三郎同时任丰田汽车公司的首任社长。如今的丰田汽车，已占据了世界汽车行业的霸主地位，成为世界第一大汽车制造公司。此后，在它的历届掌门人中，就一半是外姓人。如今，这些精英们为丰田汽车公司作出的贡献，是所有热爱丰田汽车的人们共同感受得到的。

从17世纪开始，日本企业界就一直盛行"养子当家"的方式，如今已形成一种传统，并继续发扬光大。

日本人的女婿养子虽然很理性，对财富传承不失为一种好的方式，但却是极不人性的。因为家族企业的掌门人为了企业，已把女儿当作了牺牲品，父亲只要看上有出息的小伙子，不管女儿喜不喜欢，为了家业久必须嫁给他，这让女儿成了实现家族企业传承、财富延续的冰冷工具。

一个美国女人在她写的《菊花与刀》一书中说："大和民族是世界上很奇异和独特的民族，他们既是顺和温良、彬彬有礼的，又是崇尚武力、坚忍不拔和具有爆发力的民族；他们一手捧着柔美秀丽的菊花，一手提着锋利的刀剑，总是神情紧张地耸立在地球之巅。"

日本是个弹丸之地，没有上天自然资源的恩赐，也没有深厚的文化根底。但是，近代日本人依靠其强悍的民族意识，在自卑与自大中找到了奋力前行的动力。正是这种狭小的国土、匮乏的资源，使他们找到了生存的法则和使命感。"女婿养子"模式就是为企业长青寻找到的一种优秀基因。

台湾人类学家陈其南说："日本人对继承关系和女婿养子的看法，无意中为他们提供了一套关键性的优选制度：私人产业可以用才干作为标准来选择继承人，亲生儿子无从选择，但即使在我们的社会女婿也是可以精挑细选的。"

中国传统式的国家之失，却给日本社会留下了社会空间。中国人的科举制度，把选拔人才的权力全都集中在国家手里，一考定终身；而日本人的养子制度，则把选拔人才的权力留给了社会，让社会的私有组织去选拔自己所需要的人才，办法是通过长期的观察而做出决定，而不是短暂的招聘和考察。这样就使得很多没有出路但有才干的底层人，通过养子制度，最后在社会上扮演了关键的角色。

因为深受儒家文化影响，亚洲的家族企业，更注重血缘和亲缘的联系。所以，公司里的关键交椅，一般都被家族内部的成员占据着，从父亲传位给儿子或女儿，而不是家族之外的职业经理人。这样，企业的结构，就以一个盘根错节的家谱呈现，企业的经营权也是一种相互角力的结果。

日本企业是亚洲的异类，它宁愿把继承权传给外人，也不传给能力低的亲生儿子，这是日本人的普遍做法，也是他们企业长寿的原因所在。与中国的"诸子均分"相比,日本人的女婿养子,最大程度地避免了家族财富不断被儿女瓜分的命运,保证了财富的持续传承。

事实上,在日本,女婿养子掌控的家族企业平均业绩高于亲生儿子接掌的企业;而不管是"女婿养子"还是亲生儿子接掌,家族企业业绩又平均优于代理人管理的非家族企业。相比之下,在美国,职业经理人管理的非家族企业却高于家族企业的业绩。

还有一点可贵的启示是,正因为日本人可以到血缘之外找"女婿养子"做接班人,也给现任掌门人的儿子带来竞争压力,让亲生儿子不至于因为家业必然是他们的而变得懒惰,甚至奢侈无度,从而逼着他们去奋发向上,去珍惜自己的位置。

如果能从这个角度去借鉴或思考问题,给继承人施加一定的压力,从而让继承人获得一种动力,也许对中国人来说,就可以成为打破"富不过三代"魔咒的一种不错方式。

3. 美国人的"继承人辅导队"

全球约7成的企业是家族型的,其中世界500强中就有4成是典型的家族企业。美国的家族企业雇佣了全美60%的就业者，创造了整个国家 GDP 总值的一半。为此，家族企业在美国是非常受人尊敬的。

人们一直重视继承而忽视了传承。继承主要在于财产和物质，而传承重在精神。精神上的传承要从家庭教育开始，美国主流社会重视的是企业家精神的传承。在美国，大约有三分之一的家族企业能传下去，其他的企业要么上市，要么卖掉，或者重新创办新的企业。

美国的富人为了把新钱顺利地变成老钱，往往会在财富传承的时候，成立一个"继承人辅导队"。家族企业的候选人在未继承家产前，就会被托付给一个由教师、律师、公关人员、保安组成的团队，做长期全面的服务。

他们在财富的传承上，甚至还会引起美国地方政府的高度重视，并为家族企业的有效传承推荐一些指导方案。一份专门研究家族企业问题的研究表明，在美国，72%的家族企业领导人没有制定他们的继承计划，只有33%的企业在代代相传时得以顺利延续。为此，芝加哥市政府推出家族企业指导方案，并且每月举办三期讲习班，有长达数小时的针对家族企业负责人的单独指导课程。

美国的福特家族，之所以能够历经百年不衰传至第四代，绝不是侥幸的事情。他们对于继承人的教育确实有特别的过人之处。年轻的爱德塞虽然继承了父亲的事业，却没能继承到父亲果敢的性格，他和当时所有人一样，崇拜着神话般的亨利·福特。为此，老福特非常担忧。

一天，在迪尔本光明巷老福特的书房里，老福特被他那本神秘的蓝皮书中的语句所打动："当他养尊处优时就会睡大觉，当他受折磨、遭打击时就增长智慧、富于进取，就会具有男子汉的气概……"他激动得如获至宝，因为他终于找到了把儿子培养成强者的诀窍，他决定照着书中的话去训练福特王国的接班人爱德塞。

1922年初，老福特去纽约度假，临走前他把权力全部交给了爱德塞。爱德塞考虑公司发展需要，决定建造一栋办公楼。哪知刚把地基打好，老福特就度假回来了。老福特了解了情况之后，连招呼也不打就像变魔术似的叫人一天之间把地基给填平了。

诸如此类的游戏，在福特父子之间经常上演，为了历练儿子，老福特自己选定了一系列的方法，在公司为儿子设置了各种障碍，并且不动声色地贯穿始终，非常残酷地去打击爱德塞，他希望爱德塞能在遇到挫折后迅速成长起来。我们将老福特的这种方法冠以魔鬼式训练也不为过。

对继承人的成长辅导更多的应该是心灵上的东西。众所周知，摩根家族从来不愿公开私人信札，它是以遗嘱形式密藏的珍品。因此当这些信札被外界获悉后，立刻引起了出版界的广泛关注，强烈请求出版，但都被这个家族委婉回绝了。

然而到了上世纪90年代，为了纪念摩根家族开创者迈尔斯·摩根于1636年登上美洲大陆350周年，摩根家族的继承者查尔斯·摩根，终于答应将这些宝贵的信件付梓刊印，公诸于世。

美利坚的金融首脑格林斯潘,在有幸拜读了约翰·皮尔庞特·摩根一世写给他儿子约翰·皮尔庞特·摩根二世的家书后,发出了深深的感慨:"当我戴上白手套阅读了一页,便不忍释手。文章写得实在太妙了,我只有在读《圣经》时才有这种感觉,恍然间,我好像看到了摩根家族强大、富有的秘密。"

美国历史上有许多强大的家族,但最终都走向了衰败,而摩根家族却不然。究竟是什么秘诀使这样一个伟大的家族能在财富顶峰屹立不倒,并且不断地强大起来?这不仅是格林斯潘所感兴趣的问题,同时也是每一个渴望成功的人所要探究的秘密。

依靠祖先智慧不断壮大起来的摩根家族传承下来的这一封封充满了创造财富秘密和无穷商业智慧的家书,给出了宝贵的答案。老摩根在其中的一封信中讨论了什么是"企业家的资质"问题,他告诫小摩根说,要成为一个优秀的企业家,就必须具有伟大的想象力和坚定的信念,有充分的勇气面对新事物,了解自己的客户,并且具有衡量自我危险的特殊能力等特质,这正是每一个想要成为或已经成为企业家的人所要追求达到的目标。

老摩根在另一封信札中对儿子说:"我希望你属于后者,更希望你不只继承我们家族富可敌国的财富,并且创造更多。孩子,在你进入社会之前,我对你的教育也许严厉了一些,剥夺了你的很多娱乐时间。可是,你是知道的,那是为了让你接受更多正式教育。现在你精神构造方面的骨架已经成熟,你要将过去长年努力的成果，运用到竞争残酷的真实社会中，借以维持你的生计，确保你的地位，然后进行更大的发展。关于这一点，你可以说是处于相当有利的地位，因为你很明白即将接触的事务，你渴望成为优秀的企业家。"

为了培养小摩根企业家的能力和精神，老摩根语重心长地从生活、工作、处世、为人、治学、管理、经营等多方面对儿子循循善诱、谆谆教导，这些信件伴随着小摩根进一步成长，直到他最终成为摩根家族庞大事业新一轮的接班人，此时，老摩根终于可以放心地说一句"全看你的了"。

美国富人在传承财富时，一般都会在遗嘱里对继承人提出附加条件，进行硬性约束，要求继承人必须符合特定的要求时才能拿到遗产。美国大多数富人认为，每一代人都应承担起创造自身财富的责任，这是非常重要的。

这样做的目的，就是让继承人在接受财产时，必须考虑、遵循遗赠人的遗愿，而不是将继承家族财产视为一项应得的权利。最常见的是，要求受遗赠人必须满足一定的条件，如年龄、教育程度或获得一份具有建设性的工作、或者从事对社会有益的工作等，才能继承遗产。

同时，还会尽量阻止受遗赠人彻底脱离社会，鼓励其工作，而不是仅仅依靠遗产生活。有的还会使用一些禁止性条款，促使受遗赠人规避吸毒或酗酒等对自身有害的行为，还有的甚至要求受赠人与拥有共同宗教信仰的人结婚，尽管这是一种有争议的做法。

还有一个值得注意的问题是，美国人在如何看待遗产继承时认为，人生价值远比金钱更重要。有一份调查报告认为，大部分人错误地认为家庭中最大的问题是钱财继承问题，事实并非如此。研究者发现，人生的回忆、人生经历和人生价值对人的重要性远比金钱高出若干倍。

在美国的成年人中，大约有近半数的人都会预备好一份具有法律效力的遗嘱，以便自己一旦去世如何给后人分配所有的钱财。除了这些遗嘱外，美国人还流行一种很特别的遗嘱，那就是充满哲理和情感的心灵道德遗嘱。

心灵道德遗嘱，源自创世纪，最早可以追溯到犹太教和基督教《圣经》之中，那就是在"创世纪"里，即将离世的雅各给他的孩子们分配他的"精神财产"的动人故事，希伯莱语称这种财产为"查瓦阿"。至今美国印第安人的传承文化中，也保持了这种智慧性传统。

尽管一份"心灵道德遗嘱"没有任何金钱价值，但实际上这些遗嘱比金钱更加珍贵。因为，绝大多数的人都有这样的愿望，那就是留给子孙后代一些比物质财富更有意义的东西。这种东西，只能是人生最深刻、最豁然的开悟。

这是人类的真正遗产。不管你有钱还是没钱，有才华还是没才华，都可以简单地记流水帐，列出一张单子，记录你生命中最重要的东西。有的人还会坐在摄影机前讲述遗嘱，留下他们人生中最有意义和最有价值的东西。

有位叫古德曼的女遗嘱人说："我从小到大接受的是这样

的信条，每一次我离开家，我就代表着我的家庭，代表着我的教会，代表着我的国家。这些信条还包括：诚实、正直、不撒谎、不骗人以及为了你的信仰挺身而出。"

美国最近流行的"在世赠予"，让继承人更贴近遗嘱人的愿望和期待。在过去，你要等到遗嘱人去世之后才能知道你所能继承的金钱，但现在不是了。因为"在世赠与"在美国越来越流行，让遗嘱人在有生之年就能看到自己的财产能有何种影响力，决定在活着的时候就把钱花出去。

为了让家族团结并且支持自己钟爱的事业，很多美国人建立了私人基金会，并且雇用自己的子女来经营或者在董事会里任职。据统计，美国过去10年间独立基金会的数量猛增77%，达到了63059家，其中90%是家族基金。

中国人在财富传承上的最大缺失，就是这种精神财富。其实，财富传承不仅仅是家族历史的富人问题，也包括一般的白领和并不富裕的工薪阶层及至一切类型的家族，因为每个家族都有其特有的精神遗产传承下去。上辈人有责任把自己的经验总结出来，形成一种精神遗产，尽量让它形成有效传承。这样，即使我们这一代是穷人，待到我们的下一代，有了正确的财富理念和拼搏能力，说不定也会成为富人。到那时，这个搁置了几代人的财富传承问题也将摆在你面前。何况如前面所说，精神遗产远比物质遗产珍贵得多，它是全人类文明和智慧的财富，因此，我们它的传承就远不止是富人的事。我们可以将它称之为"隔代致富精神"。

4. 欧洲人的老臣辅佐和家族会议

有人说,在世界范围内 80% 以上的企业都属于家族企业,这其中既有世界著名的超级企业,也有独守一隅的小杂货铺。此话一点不假,欧洲也不例外。在全球化经济的今天,尽管欧洲的现代企业制度已相当成熟和完善,家族企业也仍然是一种最主要最普遍的企业模式。

据统计,到目前为止,欧洲仍有 20 个财产超过 10 亿美元的家族,他们的历史都非常悠久。如德国的戴姆勒—奔驰公司、西门子公司,荷兰的皇家壳牌集团公司,意大利的菲亚特汽车公司,法国的家乐福公司,芬兰的诺基亚公司,丹麦的乐高,瑞典的宜家等。一些国家的家族企业占企业总数的比例非常大,如法国、德国为 64%,葡萄牙、意大利也达到 60%,奥地利、比利时、西班牙均在 50% 以上。

胡润曾在上海发布了《全球最古老家族企业榜》,全球 100 家家族企业榜上,其中欧洲企业占有 66 家,三分天下有其二,可见大多世界级的百年老店,都在欧洲。欧洲人的财富之所以能在市场动荡时保持相对稳定,与欧洲国家的财产世袭方式关系极大。在那里,对财富继承模式已积累、持续了好几个世纪。

　　欧洲人的财富继承模式是，既要符合国家的长远利益，也要迎合家族财富延续的需要。欧洲人认为，财富不仅仅是个人生存的保证、身份的象征和地位的资本，而且还是建立在不断扩张基础之上的西方文明的根基。所以，财富传承的好坏，不只是个人或家族的问题，在一定程度上也关系到国家的利益所在。

　　欧洲人在财产继承上，逐渐地从传统的宗族继承法，改为"遗嘱的权力与法律"。对绝嗣公民，从法律上允许财产所有者在其亲人中选择一个成为他的直接子嗣。而直接子嗣的范围，非常宽泛，在古罗马，甚至可以收养自家养大的奴隶。选择标准只有一个："不接受陌生的异乡人"。这就保证了财富在自己的城邦内部传承，避免了城邦总财富的流失，以此为前提，从此开了遗产继承制度的先河。

　　这种做法，虽然还带有"直接子嗣"的色彩，但它却突破了亲情关系，充分显示了欧洲人重财产而轻血缘、贵实利而贱亲情的倾向。因为财产的传承，再不以血缘与名位为核心。变革几乎成了一把双刃剑。对欧洲自己，使他们胸襟更广、眼界更宽，将其财富传承从宗族中逐渐扩及远亲、社会；可对别人，却从法律上位为其扩充财源制造了依据。此法果然奏效，后来继承者们逐渐明白并身体力行，家族财产的主要来源已非"祖制、祖权和祖产"，更可以通过贸易、掠夺、殖民三位一体的不断扩张来获取，从而他们即将财富的继承上升为一种国家利益行为。

中世纪时期,曾在西欧盛行的长子继承制(严格地说,应称之为单子继承制),大都与遗嘱继承制及余子遗产份额补偿制配套而行。这主要是为了防止家产四分五裂,以期最大限度地保证家业不被分化。与此相行,那些被这种单子继承制排挤出来的余子们,出于外出冒险和寻找新的出路的目,就组成了浩浩荡荡的十字军大举东征。这虽是一种十分奇怪又野蛮的行为,却给他们带来了中世纪欧洲的经济复兴。

随着欧洲的经济复兴,帝国主义与殖民主义的所向披靡,欧洲人的人权意识越来越强烈,自由观念越来越强化,法定继承也越来越成为欧洲国家遗嘱继承制的补充形式,继而,完善化了的遗嘱继承制便成为欧洲各国的主体继承制度。

所不同的是,法国、德国等国家所奉行的相对遗嘱继承,兼顾了人的伦常,遗嘱人只有在为其法定继承人保留了"特留份"或"应继份"的前提下,才能自由处分其余财产。而英国、意大利采取的则是绝对遗嘱继承,人权至上,即遗嘱人可以通过遗嘱取消任何法定继承人的继承份额,自由处分自己的遗产。

欧洲人不同于美国人,美国人大都凭本事赚钱,而欧洲人很多靠遗产致富。与美国的"创业富人"相比,欧洲的"继承富人"居多,其财产大部分都来自祖辈和父辈等家族成员。在欧洲最富有的400人中,大部分靠继承遗产起家。在各行各业的"继承富人"中,最具代表性的是那些王室成员和家族企业继承人。

比如，荷兰女王贝娅特丽克丝天生就拥有 3.4 亿欧元财产；已故米兰时装大师范思哲的侄女阿莱格拉刚满 13 岁，就已拥有 18.5 亿欧元身价；法国的利利雅娜·贝当古，从她去世的父亲手中接下欧莱雅集团帅印时，其家族资产已达 200 亿欧元。这些都是财富的幸运者。

但很多欧洲富人并不愿意把家族的巨额遗产无条件、毫无保留地传给后代，因为那样做，并不利于子女的成长。几年前，欧洲金融世家罗斯柴尔德家族 23 岁的继承人拉斐尔因吸毒暴死街头，至今还是欧洲富人们教育子女的沉痛事例，也是对继承人培养的一个警训。

欧洲是世界各地的财富先驱，一代一代家族的财富传承，使财富继承者变成了看钱的机器。所以，现在有了"赚钱在美国，看钱在欧洲，花钱在亚洲"的说法。中国第一代富人冯仑说："欧洲现在靠看钱来挣钱，比如卢森堡、瑞士，替全世界看钱，看钱的技术发达到可以借此养活国家。"

欧洲人是聪明的，也是理智的。他们有一整套保证家族长期稳定的财产继承体制。这个体制非常科学，比如人死了，遗产想让子女花，但又不想被挥霍掉，信托机构就把钱分成几项，有的放到公益基金，有的放到投资基金，有的用来养活孩子，孩子每月领生活费，而不是一次给完。饿不死但也富不了，要想富还要自己挣。

在欧洲，往往是第一代创办企业，第二代在本企业工作但一般不直接接班，而是由一个年长的老臣短暂接力辅佐后再交给第二代继承人。这种做法，有点像中国历史上的"顾命大臣"，如三国时期的蜀国，由诸葛亮辅佐阿斗，就是一个典型的例子。待到第三代、第四代，那时公司已经公众化了，很多家族企业成员，并不拘泥于企业的日常管理权，他们想得开，看得远，大都挑选专业的经理人去打理，甚至一些企业在几代之后，家族继承人已经远离企业管理，对企业管理也没有多大兴趣，他们"由富到贵到雅"，去做了自己喜欢做的事情，从而形成一个很特殊的纯食利阶层，成为潇洒的风雅之士。

在欧洲，如果家族继承人尚未成年，上一代就不幸去世了，家族企业会建立一个由律师、银行家等组成的团队托管财产，另一方面又为继承人组建成一个辅导团队，包括公司老臣、资深顾问，协助继承人熟悉企业，在达到法定年龄之后再把企业交给继承人。这样做的优势在于降低了企业领袖突然更迭时造成的经营风险，这在酒店世家希尔顿家族、希腊船王奥纳西斯家族都曾实施过。

欧洲的有些家族企业，早在企业掌门人离退休还有 7-8 年的时候，就会成立一个由家族管理者、员工、亲戚和外部人士组成的委员会，开始对传承问题进行集中讨论。这些家族认为，对传承过程的准备应该是家族企业中一个持续时间相当长的战略过程。

欧洲家族企业的传承实践表明，预先对传承过程进行有计划的管理有助于推动企业的成功延续。研究表明，制定了传承计划并与关键利益相关者进行过交流的家族企业，传承后的盈利能力要强于那些没有制定传承计划的企业。研究还发现，与那些传承失败的家族企业相比，实现成功传承的家族企业的传承过程更加有序，且往往是一个循序渐进的过程。

在制定传承计划的基础上，为家族企业编制共同愿景也很重要。财富专家认为，所有的传承都是由一个长期形成的关于企业未来的愿景所驱动，这样的愿景可以有效契合上一代和下一代、甚至他们祖先的愿望。它是各代人的梦想必须有效融合成一个大家共享的集体梦想。在家族企业的代际传承中，大家彼此分享关于企业终极目标的看法，对成功的传承至关重要。

让接班人尽早接触企业，会有助于他们熟悉企业的历史、文化和价值观，提高他们对企业运营的兴趣；可以私下里熟悉企业的员工，并在组织中建立起自己的核心网络；同时还可以通过"导师"的指导、监督与援助，或者对"导师"行为的观察和模仿，发展运营企业所需的各项特殊技能。如果继承人从基层做起，并能够通过自身努力成功取得晋升，还可以获得来自公司员工、顾客等利益相关者的认可和信任。但接班人如果一味地在企业内部发展，容易落入旧传统或旧惯例的枷锁之中，这样继承人的外练就显得尤其重要。一般来说，外练传承成功的家族企业的继承人，比起传承失败的家族企业的继承人，拥有更加丰富的外部工作经历。所以，世界上一些家族企业纷纷将拥有外部工作经历列为继承人接班的一个重要选择标准。

在欧洲，家族继承人的外部工作经历，常常被作为后代加盟家族企业的一个先决条件，所以，在他们接班之前，都要到其他企业工作一段时间。比利时的一位家族企业掌门人说过，他们的家族成员要想加盟企业必须精通4种外语、取得商学学位以及在美国的工作经历。有位专家曾对欧美20家大型家族企业进行研究，发现凡是传承成功的接班人，大都经历了这种外部的严格培训。

专家研究表明，拥有外部工作经历不仅可以帮助接班人在更为客观的环境中证明自己的能力而获得合法性，还可以让他们看清，加盟家族企业到底是不是他们真正的追求。除此之外，家族企业外的工作经历还可以帮助继承人获得独立的成长，树立自信心，提高知识存量，体验不同的企业文化，拓展对商业环境的视野，为日后处理企业发展过程中可能面临的问题做好充分积累。

为获得这种外练，欧洲家族企业的最初几代接班人，都身体力行从底层做起。例如全球轮胎业巨子法国米其林集团第四代继承人小爱德华，在接班前，曾隐姓埋名进入家族工厂实习。不久，他以学徒工的身份到米其林研究中心工作，之后又在北美总裁的带领下，从货车轮胎部主任开始做起，直到1999年才坐上集团总裁的交椅。

在欧洲，一些由创业家族控制至少达200年的公司还成立了一个社团，社团会员经常聚在一起商讨各种战略，甚至还让孩子们到彼此的公司中去工作，以获得家族公司以外的工作经验。

欧洲家族企业成功传承的经验表明，成立单独的机构来促进家族成员的福利水平，减轻董事会和管理人员的负担是行之有效的。其中，家族议会在处理家庭纷争、提供建议等方面所发挥的独特作用已获得广泛认同。

欧洲众多大型家族企业在权力传承的过程中，还纷纷着手组建这样的机构：家族议会。家族议会除了处理纷争和提供建议外，还可以清晰地阐明家族的核心价值观。专家指出，家族议会不仅可以帮助开发家族的使命、价值观、创业故事，还可以通过反复的灌输，让家族继承人认同这些价值观，从而提高家族继承人对家族和企业的承诺的使命感。

一个有效的家族议会，对家族企业继承人的培养是至关重要的。因为它可以帮助继承人解决一些具体的潜在问题：如从家庭成员之间的补偿不公平而可能出现的纷争的解决，到为家族企业提供咨询和建议的提出；从公司核心部门业务的运营者，到并不参与业务运作、只是在外旁观监督的股东之间的关系处置，它都是为继承人所搭建的一个沟通平台和桥梁。

5. 用股权这根魔杖去荫及子孙

交接班是一个世界性难题，也是个永恒的话题。斗转星移，随着中国第一代富人逐渐隐退之际，家族财富的代际转移已成为一个热门话题。它虽然没有官场格力的那种残酷，但也会使所有矛盾在交替之时完全暴露出来。这种交接，除了经营的控制权外，最为敏感的就是股权了。

被誉为台湾"经营之神"的台塑集团创办人王永庆，他辞世时留下了一个庞大的企业王国及巨额遗产，却没有留下任何遗言。这不合情理的做法确实出乎人们的想象，也着实令人费解，难道他没有想过家产及企业股权传承的问题？其实，王永庆的家族与所有豪门家族一样，不可避免地也会存在着种种矛盾和危机，要顺利接班并非易事，然而这一切早在他的意料之中。所以，除了悉心栽培子女成材、设立职业经理人与家族成员共治的七人决策小组外，他还设计了一套有助于"永不分家"与"永续经营"的股权体系。这套股权体系，成功地避免了王氏家族后人之间因争夺家产发生内讧而影响"永不分家"与"永续经营"的目标。在王永庆去世后，台塑集团虽然失去了精神领袖与经营领航员，而营运和业务没受到影响，也没有任何高管离职。这种现象在海内外豪门继承史上都属罕见,非常值得借鉴。

在欧美国家,很多家族企业都没有让后代接班,而是允许他们做自己喜欢的事业。由于商业环境相对成熟,家族企业并不强调家族成员在企业中的日常管理权,而是由职业经理人去打理,继承人远离企业管理,几代之后,甚至成为有闲、食利阶层。

当然,这只是其中的一种现象,从大多数家族企业来看,他们还是很重视对家族企业的控制力,因此也就十分注重对继承人的培养。在正式接管公司大权之前,除了让继承人尽量去丰富经历外,在股权继承上也是一个重点考虑的问题。

西方的主流传承模式,是受托人机制:一般是家族持股,职业经理人打理,其家族成员只是股权的拥有者,而不是企业的控制人。这些受托人,是那些有很高社会声望和职业信誉度的专业人士或生意人。

但是,谁也难保能排除和阻止受托人不去侵占家族企业的利益。为此,西方人建造了一个三权分立的机制,即在受托人、职业经理人之外,再引入一种牵制:专业理财顾问和律师。让它们构成制约势力,达到监督的作用。

所以有人说,一个企业有三条命,包括法律生命、市场生命和人格生命。当企业的市场和法律生命大于企业人格生命的时候,就存在交接问题。也就是说,不管企业控制人多么强势,他总有一天是要退下去的,这时,他的人格生命就要由另一个接替了，其中股权就是他身上的血液。

在股权设置上，中西方也是有区别的。中国家族企业的产权是模糊的，股权是封闭的，所追求的是家族财富的最大化；而西方国家家族企业的产权是清晰的，股权是开放的，具有很大的流动性，所追求的是企业利润最大化。

由于这种股权的封闭性，中国人对于自己家族股份的稀释，往往会遭遇到来自家人的巨大阻力，包括任何产权方面的改革，对于家族企业来说，从来就没有主动，大多是被动和被迫，甚至是被绑架的。

在中国家族企业的上市公司中，职业经理人的股权几乎没有，即使有股份，所赠予的比例也相当少，大约只有百分之零点几左右。并且，只有人在企业时，可以享受分红的权利，一旦离开，股权也就随之消失了。这说明，中国家族企业的股权，除了随意性很大，也普遍不信任外人。

欧美的家族企业在对待股权上，相对要开放和大度得多，也不介意让自己的企业变成股份公司，并往往通过股权转让引进家族以外的人才。其子女们不一定都是掌门人，但可以通过股息和红利享受祖先的创业成果；而中国的家族企业大多希望子孙来接班，让子孙成为企业的控制人，不愿企业落入外人的手里。

股权是家族企业传承的一个重要杠杆。家族企业的股份安排秘诀，主要采用分散化股权安排和集中化股权安排。前者让尽可能多的家族成员持有公司股份，不论其是否在公司工作，所有家族成员都享有平等权利。后者只对在企业工作或在企业任职的家族成员分配股权。这种方法注重控制所有权而非管理权，着眼于保证家族权力的世代持续。

分散化股权安排，是一种和平过渡的手段。因为所有家族成员都是平等的，所以很少遇到阻力。它有助于家族内部的和谐，保持一团和气，但它不是最佳的明晰产权的方法，也不是让企业长足发展的方式。

已有百年历史的香港利丰集团，第一代主要从事消费品贸易，第二代接手后，利丰公司成了香港最大出口商之一。到了第三代，从美国留学回香港的冯国经和冯国纶兄弟俩，致力于现代的发展，但由于股权过于分散，当时兄弟俩没有关键的股权，他们难以对企业作出必要的改革及整顿。因此两人下定决心，在80年代末将企业股票退市，之后再向其他的家族成员收购股权。他们将股权集中于兄弟两人手中后，再将企业于90年代初上市，这样，这个家族事业才得以发展至今成为消费品物流供应链的全球龙头企业。

股权集中的方法，是保持家族企业控制权的一个手段。家族成员经过争取才能成为管理者，家族议事会对担任管理职务的家族人员进行严格的评估。担任行政职务的家族成员上任才得到股票。股权集中在担任管理职务的少数人身上。这种做法的最大好处是，由于家族成员只有经过争取才能成为股东和管理者，所以企业可以保持创业者当年的企业家精神。

股权过分分散和过分集中都是不利于企业发展的。家族企业在传承上的失败和没落，有千差万别的原因，但家族企业在传承上成功和旺盛，却只有一个共同铁律，那就是在家族企业股权设计上尽量规避股权过度分散化和平均化，让能够胜任的继承人保持对家族企业的有效控制权。

股权过度分散，不仅容易导致平均主义的大锅饭，还会导致管理效率明显下降。当股权分散超越"控股临界点"时，没有人拥有企业的控制权，家族矛盾与企业矛盾交织起来难以调和，即容易引发雪崩效应；而股权过度集中，可能导致一股独大，其后果是给股权带来极端的封闭和一言堂的风险。

所以，股权传承的适度安排，在一定意义上，是决定家族企业兴衰的杠杆。从家族企业发展的角度看，企业掌门人要解决家族继承人股权问题，只有做到适度分散与集中，才是让其均衡发展的有效方式。鉴于此，有以下几个原则必须注意：

全收购原则：接班人全部收购非接班兄弟的股权，以达到自己控股的目的，被收购的兄弟应该离开公司另谋出路。

另立原则：按照"口袋论"，如果是两兄弟，可以由掌门人采取另立原则，即两个人均接一个公司的班，都是接班人，可以独立发展。

为了保证家族利益，大多家族企业会成立一个家族议事会，来参与家族企业管理，体现家族的权力。家族议事会是家族做重大决策的委员会。家族议事会决定组织、战略计划等重大事件，调解家族成员间的纠纷，对重大问题如员工雇佣、股权转让、红利分配政策等进行协商，并达成一致。

在他们眼里，股权传承是可以荫及子孙的魔杖。

6. 借信托之道让财富走得更远

对于信托，如今有了一大堆的新名词来形容它，如财富传承的工具、"从坟墓里伸出来的手"、财富增值的新渠道等，各种说法，虽有所不同，但表达的意思却只有一个，那就是借助信托之道，可以使财富走得更远。

信托，如今已是风行世界的一种财富管理方式。它最早起源于11世纪的英国，其初衷是为了摆脱一些法律障碍，但没想到，它后来竟成了管理财富的一种有效工具。当这种信托方式在欧美各国相继兴起一段时期以后，它已成为一种成熟的财富管理制度，并开始风行世界各地，倍受重视。

就信托本身而言，顾名思义，便是把自己的钱财、物产托付给别人管理，当然，被托付的人必须是守信用而有担保的。如今，信托业已相当发达，并有了很多衍生业务。其中遗产托付就是其中最重要也最常见的一种，这也叫生前信托，是由律师参与的信托形式。

在先前的信托中，财富的授予人一般都会写明条件，即使是继承人也不能随心所欲地去支配这些财富，而是有条件地使用，如定期发放奖学金、创业辅导金或弱势子孙生活补助金等，为的是不让子孙随意挥霍家财，让它有部分的保留，哪怕继承人因生意失败或遇到天灾人祸时，也可以利用这些剩余财富来维持正常的生活所需。

信托作为财富传承的工具，其作用是很独特的，也是受到富人们青睐的。富人希望在他们死后，财富能够一直延续下去，但痛苦的是又不能确定他们的后代能否管理好财富，完成他们的意愿？这就是产生财富受托人的真正原因所在。事实证明通过这种专业的受托人管理，一些家族财富可以连续传承下去，且弥久愈新，这就更强固了信托方式的生命。

信托不仅可使财富增值，还可保留财富的控制权，这正是财富拥有者所需要的双向效应。

目前为止，不少香港家族如长江实业的李嘉诚家族、恒基的李兆基家族、新鸿基地产的郭氏家族等，都使用家族信托来控股企业。

在中国内地，家族信托在几年前才被引进。1997年成立的雅居乐集团，原本由陈氏兄弟分别持股。为完成2005年12月赴香港上市的目标，陈氏家族将集团业务进行了重组，于2005年7月在开曼群岛成立了雅居乐地产，并将分散的家族股权集中后注入一间名为Top Coast的投资公司，以其作为陈氏家族信托的受托者，目的就是利用家族信托实现股权集中。

富人们一般都希望子女能把自己的事业发扬光大，但并非每个富家子弟都对经营家族企业有兴趣，于是家族信托基金就将这些继承人解放出来。像巴菲特的儿子霍华德、彼得分别是摄影师和音乐人，无一进入伯克希尔哈撒韦；邵逸夫也因子女无意继承家业而要出售 TVB。因此，很多富人就用家族信托基金解决这一问题。

如将时光隧道与家族企业隧道交叉，远至肯尼迪家族、洛克菲勒家族的财富历百年而不衰；近至美国巨星迈克尔·杰克逊五亿美元遗产、香港著名艺人沈殿霞 3000 万港元遗产的处理和平安过渡，都是因为良好地运用了信托这个工具，才使家族财富得以永续和传承。

从这个意义上说，信托的本质，实际上是以约束不以公心独立行事的继承人对财富的实际支配权为目的，以增加财富的安全性和持续性，使财富在代际之间的传承中走得更长远，更稳健。

后人由于太容易得到先人的财富，往往不懂得珍惜，以致挥霍无度，一掷千金。故此，在财富的传承过程中，如果对继承人的能力及品性不放心，最理想的办法，就是利用信托这个工具，对财富实行定期支取及逐渐转移的方式，来保持家族财富的长盛不衰，细水长流。

富人之所以更关注自身财富的传承，原因在于在拥有大量财富后，保护自己的现有财富成为他们最本能的反应。他们在奋不顾身圈地的同时，也会用很多桩子去扎牢那些栅栏。信托就是他们保护自己现有和将来财富的一个坚实而长远的护栏。

30 多年来，中国第一代富人已积累了大量财富，如何防范财富的风险，保证财富的安全，让它平安传承到富二代、富三代手里，使家族财富得以永续和有保障性，这是富一代所面临的困扰和不安。而信托作为一种久经考验的财富传承方式，无疑成了这些富人们一个非常适合的选择。

信托在西方国家已相当成熟，但在我国才刚刚起步。它的盛行，主要是弥补了现行财富制度的许多不足。凡是财富的所有者，通过信托这一工具，不仅可以将财富传承的风险降到最低，还可以根据富有灵性的设计，让家族财富实现长久、永续的效果。

所以，为了实现家财富的有效传承，防止家族发生不测，或避免不成器的继承人挥霍一空，可以考虑组建一个信托计划，即把家族财富托付给家族中可信赖的人，或有能力的受托人来打理，并决定将来财富的支配人、支取方式和使用年限等等细节。特别需要注意的是，这个信托计划，一定要在律师或有资质的受托人见证下去建立和实行。

财富是一种权力，也是一种压力。但如果你明白了，信托就是先富"从坟墓里伸出来的手"，不管这个比喻多么恐怖，哪怕逝去了几百年后，受托人也会按照你的意志、在你身后操控信托财富的安排，与你永眠同进，让你的财富永续不衰，直至发扬光大。

第五章　财富藏基因：担当老钱的是文化和责任

如何由富及贵是富人们关注的焦点问题，香港富豪李嘉诚曾坦言，衡量财富的准则，在于"内心的富贵"。他认为，真正的富贵是要懂得用自己得来的金钱，对社会尽一点义务和责任。在美国能有如此之多的洛克菲勒、卡耐基、盖茨、巴菲特等，关键原因是他们有一种祖先的道义传承。因此，让富二代有道德地成长，是帮助他们由富及贵的必经之路。

——启示录

1. 让富二代有道德地成长

不管你承不承认，这是一个摆在眼前的事实：富二代的出现，将是社会的一个新型阶层，而且是一个有着巨大冲击力的阶层。在中国 600 多万个家族企业中，绝大部分创业者希望由孩子来继承自己的事业，在未来 10 年之中，将出现密集交班的高峰期。

这个交班过渡期，也是财富转移敏感期。它不仅关系到家族财富的传承，也关系到国家财富的稳定和成长。但由于富二代种种人格教育的缺失，已被社会遗憾又痛惜地称之为"失败的一代"，不管这个结论是否有些武断、偏颇、甚至扩大化，如何提升富二代的品德素质问题，都成了一个摆在我们面前的社会问题。社会应当促使富二代有道德地成长！

改革开放三十年来产生的这些富人中，除部分权贵阶层之外，大多是草根新富，他们没有受过什么正规教育，又是苦过来的，所以，赚了钱之后，为了找回过去对自己和子女的种种欲望"亏欠"和照顾不足，就大把地用金钱来弥补。于是金钱就成了这个时代的灵丹妙药，挥霍金钱、饕餮物欲就成了富二代教养缺失的根源。但是，如果将富二代的问题，完全归咎于富一代的宠溺和放纵，也不免有失偏颇。因为人们的成长，除家庭因素外，还有种种社会原因以及在社会历史的演进中长期出现的积淀与丢失。

回顾历史，我们的先人对后世子孙的道德教育是一直放在首位且比较成功的。唐代之前，士族阶层都非常看重其子弟的品行和人格。凡是士人，都是当地人品的楷模，所以，才会出现众多的"累世经学"、"累世公卿"的现象，以点带面，至少在价值判断和人格判断上，就出现了习儒而仕为民所颂的社会风气。

忽略人格品行教育，是从唐朝开始的。那时开科取士，已有很明显的重才而轻德倾向了。当时，李世民站在城墙上，望着鱼贯而入的进士，得意地说："天下之士皆入吾彀中矣。"彀的本意是箭的射程，但李世民说的意思则是"天下之士都已进入了他的笼络之中而甘心为其所用了"，因而可知为皇帝所用的已主要不是德，而是才了。尽管如此，在漫长的中国封建社会，孔孟之道也始终是封建帝王治国驭民的标准，尽管这标准常常沦为他们统治庶民百姓的工具，可在社会道德和美与丑、善与恶的判断层面上，却始终没有出现过大的断裂。

中国的传统文化如此，西方的立国树人之本也别无二致。中国维新运动的倡导者梁启超在《新民说》中曾经说过这样一段话：英人常自夸地说，他国之学校，可以教成许多博士、学士，我英国之学校，则只能教成"人"而已。人者是什么？即人格之谓。英国人的教育目的，也就是最终的教育目的，即训练有德行、有用处和有才能的人。他们在现代社会所做的事情，正是中国古人所致力做的事情：以德育人。这种殊途同归，岂不耐人寻味？

著名学者马克斯·韦伯指出："任何一项事业的背后，必然存在着一种无形的精神力量。"从经济史来看，美国人的新教精神，也就是它独特的道德教育，正是推动美国的经济发展和迅速崛起、从而成为世界上最发达的国家的关键所在。这其中有两点是值得我们去反思的：

其一，美国人的新教精神最突出的是，主张人们合理合法地去追求财富，认为通过自己的劳动而获得财富是上帝祝福的标志。如果上帝已给他指明了合法致富的道路，而他却予以拒绝，那么，他就违背了上帝的旨意。

另一方面，美国人的新教禁欲主义，则又反过来有力地促进了资本积累。他们主张消费性资金要转化为生产性投资，以期最终促进资本主义经济迅速成长。这种摒弃享乐主义而努力合法赢利的做法，是清教徒所提倡的至善行为，这种主张就为北美资本主义的形成和发展提供了坚实的思想基础。

在这种教义的熏陶下，美国一没有沉重的历史包袱，二没有依附于封建主义既得利益集团的束缚，对于各阶层来说，每个人只要也只有具备知识、才能、机遇，就能通过自己的努力走出困境或维护荣耀，这样，全社会就没有一个闲人、废人、寄生虫，每个人都成为创造社会财富的主人和动力。

正是基于这种社会责任的考虑，英国《金融时报》股票交易所国际公司曾推出8种"道德指数",只有那些在环境和社会责任方面起表率作用的公司才能被纳入,该公司行政总裁对此作了说明:我们推出该指数的原因,是由于投资方在选择投资对象时,越来越多地希望挑选那些有社会责任感的公司。

也正基于此,温家宝总理在英国剑桥大学谈到目前世界性金融危机时演讲说,要有效应对这场危机,还必须高度重视道德的作用。他认为,道德缺失是导致此次金融危机的一个深层次原因。"一些人见利忘义,损害公共利益,丧失了道德底线。"温总理因而再度向全球的企业家提出希望,要企业承担社会责任,企业家身上要流淌着"道德的血液"。

富二代是企业家的未来。所以,对于富二代有道德的成长,已不光是企业家和富二代的个人问题,而是关乎到国家民族的整体利益问题。

○富人,首先是社会人

古往今来,中国人历来致力于"修身、齐家、治国、平天下"。其中修身是第一位,而道德的自律是修身的重要部分。新富阶层的人,凡要立足于社会,并让社会认可和推崇,就必须去寻求一种富人特有的身份认同。最好的做法就是让富二代的身上流淌着"道德的血液"。

富二代是财富增长的潜在力量。列于《福布斯》榜首的是沃尔顿家族。他们虽富可敌国,入榜30年来,却始终为人低调,不奢侈,行慈善,尽义务,这也许就是这个家族企业之所以能够"富过三代"的秘密之一。

凡是进入世界500强的企业，人们都惊异地发现："除了先进的技术、严格的管理、旺盛的创新意识、崭新的人才观念之外，无一例外地都拥有企业自身的道德行为规范，即企业道德。"因此，亚当·斯密曾满怀崇敬地称赞这些企业身上流淌着的是"道德血液"。

○**常怀感恩之心，回报社会**

细细琢磨佛祖释迦牟尼"无财七施"的故事，总会从中获得一些启示。故事说：一个人跑到释迦牟尼面前哭诉道："我无论做什么事都不能成功，这是为什么？"

释迦牟尼回答说："这是因为你没有学会给予别人。"

那人为难地说："可我是一个一无所有的穷光蛋呀！"

释迦牟尼说："不对，一个人即使没有钱，也可以给予别人七样东西：第一，和颜施，就是用微笑与别人相处；第二，言施，就是要对别人多说鼓励的话、安慰的话、称赞的话、谦让的话、温柔的话；第三，心施，就是要敞开心扉，对别人诚恳；第四，眼施，就是以善意的眼光去看别人；第五，身施，就是以行动去帮助别人；第六，座施，就是乘船坐车时，将自己的座位让给老弱妇孺；第七，房施，就是将自己有空下来的房子提供出来，供别人来休息。如果你有了这七种习惯，好运自会随之而来。"

感恩是我们每个人的生命之光，也是我们生命的能量。快乐是在感恩中相互赞叹得来的，如果我们心灵深处最不经意的地方能经常被善良的感情进行洗礼，人类就会变得更加和谐。

道德不仅是我们生命的灵魂，更是人类进步的阶梯。要让富二代认识到，他们所获得的一切，包括金钱和地位并非是天经地义、理所当然的。从大的方面看，是大自然的赐予、社会的支持、祖国的培养；从小的方面看，是父母的养育、师长的教导、亲友的付出，这些都是无私的给予。如果他们能怀着感激和敬畏的心情来对待这些，就会更深刻地懂得如何去回报社会。

○让富二代树立国家观念

在古希腊，道德是从"认识你自己"这句话开始的。那些堪称人类生活导师的人，一开始就是从人的另一个高度来启发人的道德的，一开始就是关心人的精神进取的。他们认为，道德能使人变得有意义。富二代的成长，就非常需要这些能开启他们道德之窗的人。

国家兴则企业兴，国家强则企业强。这是中国民族资本家艰难创业的验证，也是中国半封建半殖民地社会企业兴衰的经验总结。从认识自己的位置开始，就应该启发富二代树立这样一种意识：国家观念是一个人在这个世界上必须拥有的要素，越是富有，越是全球化，国家观念就越重要。

当富二代树立了国家观念后，就会明白自己的归属地，懂得财富力量的来源和方向。有了国家的强大后盾和支撑，才会自信和从容地立于世界之林。从某种角度看，这也才是一个家族能否传承财富、创造财富的关键所在。

"金钱就是一个社会的美德的气压计。"对于社会的发展来说，真正的富人得到社会道德上的认可和赞赏将是一个社会福音，它不仅是富人的福音，也是穷人的福音。处于财富传承关节点的富二代，尤其需要这样一个社会福音。

2. 财富的延续在金钱之外

1978年来自全世界的75位诺贝尔奖获得者，曾在巴黎有一次盛大的聚会，当时真可谓是群贤毕至，气氛辉煌而雅致。

当记者问其中一位诺贝尔奖获得者："在您的一生里，您认为最重要的东西是在哪所大学、哪所实验室里学到的呢？"这位白发苍苍的老者平静地回答："在幼儿园。"这位记者又问道："为什么是在幼儿园呢？"这位诺贝尔奖获得者说："在幼儿园里，我学会了很多很多。比如，把自己的东西分一半给小伙伴们；不是自己的东西不要拿；东西要放整齐；饭前要洗手；午饭后要休息；做了错事要表示歉意；学习要多思考，要仔细观察大自然。我认为，我学到的全部东西就是这些。"

这位诺贝尔奖获得者的回答，赢得了所有在场人的热烈掌声。人们的掌声称许和赞赏着，哪怕是智慧而成就斐然的诺贝尔得主，他最重要的立身之本也是从小形成的优良品质。如果把它引入财富的延续上，那么从他上幼儿园开始，他就已经学到了比金钱更为重要的东西。

与中国人相反,美国人有个"穷养"富二代的现象。这些富人有个特殊理念:金钱不是最重要的东西,即便你有再多的钱,也不能因此享受到特殊待遇。欧美国家有不少富后代不屑以家族财富为荣耀,不愿活在父辈的光环下,而是去走一条属于自己的路,其心结也是出自于此。

巴菲特的两个儿子就是以这种方式,走出了自己的一片天空。巴菲特堪称巨富,但留给儿子的钱却遵循这样一个准则:"足以让他追逐自己的梦想,但还不足以让他安享清福。"

基于此,年已不惑的长子霍华德,早在而立之年,就变卖了祖父给他的股票,买了一台推土机,开始了务农生活。他按市价向父亲租用了一家农场,尝试协助农民生产更多的农作物,不仅如此,他还远赴非洲,为对抗贫穷与饥饿而倾注出自己一片热情和善意。巴菲特的另一个小儿子彼特,也没有走父亲的老路,而是做了一位受人欢迎的艺术家。

比尔·盖茨在斯坦福大学的演讲中也说:"我告诉子女们,他们不会从我这儿得到财富。早在生儿育女前我就信奉大多数财富都应该回馈社会的主张。越早让子女了解世界的不平等,越早鼓励子女到贫穷国家去接触当地人,对孩子的成长越有帮助。"

于是,这位首富在退休时,作了一个重大决定,把财富全数捐出去,一分一毫也不留给他的3个孩子。他在接受英国记者采访时说:"有许多东西比财富更重要,而我留给孩子们的正是比财富更重要的东西!"

他还进一步为他这样的做法论证说:"首先,我给了他们生命,没有生命一切都是空谈,而且我还给了他们一个无限大的创造财富的空间和动力,而坐享其成无疑是开拓进取最大的敌人。最重要的是我还留给他们一个感恩社会、回报社会的典范。这些东西的任何一项都比财富的本身要重要得多。"

在他回首往事时说:"假如我的父亲有一笔非常巨大的财富留给我,很可能到现在我已经是个身无分文的穷光蛋了。因为所有人都不会真正去珍惜不是自己亲手创造出来的财富,而天上掉下来的财富总是让人变懒惰。"

众所周知的金融大鳄索罗斯也早就明确表示:他准备将自己在基金会里的工作交给已 36 岁的长子,其他的遗产则将捐给本国的公益机构和东欧的教育机构。显然,富翁们都不希望自己的子孙成为无所事事的"富裕垃圾"。

美国富人有一个比较一致的观点:会给下一代留一些钱。这些钱足以让他们能够实现自己的理想,但决不能多到让他们一辈子什么也不用干。盖茨、巴菲特及大多数美国富人都在遵循着这个原则行事,并把绝大部分财产捐给了社会,回馈众生。此事绝不简单,绝不是几个富人俱乐部的即兴游戏或仅仅是家族行为!因为他们的威望、影响和众目所瞩的价值观、行为方式往往会变成社会主流文化的指向。

美国人的这种穷养教育方式,对富后代成长的好处自不待言,这不但让他们得到了磨炼、增加了社会阅历,同时也让他们知道了财富的来之不易，明白了人的一生，首先是为了实现自己的理想，其次才是赚钱，理想比财富更重要。所以，美国的很多富二代在青少年时期都有兼差打工、做义工的经历。

最近，美国《华尔街日报》公布的一项最新调查显示，即使美国取消遗产税，仍有50%的美国有钱人打算把自己至少一半的财产捐给社会，只留下一部分财产给子孙，这跟美国人对财富的观念转变有很大的关系。

中国古人也早就有"穷则独善其身，富则兼济天下"的说法。意思是说：一个人在贫穷不得志的时候唯有完善自己，让自己处在一个更好的状态，才会有更多更好的人愿意和自己接触与交往，并为自己以后的成就打上基础，当兴旺发达的时候应当普济天下人！成人达已，达已成人！从这里延伸出去，说明财富源于社会，是不断流动的，人发达了，富有了，不能只想到眼前，只想到小家，想到子孙，而应该让它在社会中发挥行善的作用。

西汉时，东海兰陵的贤人疏广告老还乡后，把皇帝赏赐的钱财都用来宴请乡亲近邻。疏广的子孙见此，就央求宗族里的老人劝他用这些钱置些产业留给后代。疏广却说：以前置办的一些产业，孩子们只要勤劳，足以维持普通百姓的生活水平，没必要再置办其它产业。财产太多，会使子孙变得懒惰。如果是贤才，财富多了还会增加他的罪过，何况人太富了，挥霍无度就会大损其德。疏广未听劝告，依旧按自己的主张行事。

清末封疆大吏左宗棠还乡后曾大兴土木，试图为子孙后代留下气派的宅府，为此，他还亲自到工地查看监工。有位老工匠见他如此不放心，就对他说："大人，请放心吧。我活了这么一大把年纪，造了不知多少府第，在我手上造的府第从来没有倒塌过，但屋主易人却是常有的事。"左宗棠闻此，顿时面有羞色，丢下一声长叹怏怏而去。

曾国藩在教育富后代上，也是非常重视金钱以外的东西。他说：从古到今，官宦人家，大多只有一、二代就荣华享尽了。所以如此，主要原因是子孙后代开始骄横跋扈，紧接着就是荒淫放荡，最后落得个抛尸荒野的下场；而那些做生意买卖的富家子弟，我们看到，能勤俭持家的，可以延续三、四代；耕读传家的，能够谨慎质朴，这个能延续五、六代；孝友传家的，孝友就是孝悌，可以绵延十代八代。

《了凡四训》也说：有百世之德者，必有百世之子孙保之；有十世之德者，就有十世的子孙保之；如果是斩焉无后者，那是德至薄也。薄德之家，就没有子孙来保守他的家业了。什么是薄德之家？说的就是刻薄成家、骄奢淫逸，也就是败家相。

《周易》中说："积善之家，必有余庆；积不善之家，必有余殃。"留给孩子做人的道理，孩子就有可能去创造更多的财富；如果为人一生积德行善，给孩子留下做人的美德，就能长久地造福于后人。如果子孙是个不肖之子，遗留给他的财富越多，越会给他招灾惹祸。

由此可见，财富是广义的，除了金钱之外，还有比财富更重要的东西，如做人的品质、燃烧的梦想、流淌着道德的血液、为人处世的智慧、不骄奢淫逸的美德、富贵极处的守谦守俭、由富及贵的升华等，都是财富延续不可忽略的重要原素和试金石。

3. 布登布洛克式动力的启示

德国著名作家托马斯·曼写了一本名为《布登布洛克家庭的衰落》的小说，此书面世后，好评如云，曾与《指环王》、《圣经》一起被评选为德国人最爱读的十本书之一，作家托马斯·曼也因此在1929年荣获诺贝尔文学奖。

这是19世纪中期德国卢卑克城一个资产阶级家庭兴衰的故事：老布登布洛克出身贫寒，多年拼搏终于创办了一家大型粮食公司，成为当地富户。直到晚年，他都将这个家庭办的企业当作自己的"全部世界"。他死后，产业留给了儿子托马斯·布登布洛克。

由于小托马斯出生在已经有钱的家庭，他对继续追求金钱不再感兴趣，只把经营粮食的生意看成是对家庭的一种责任，而把精力却全部放在追求社会地位上，后来终于当上了参议员。小托马斯的儿子，也就是老布登布洛克的孙子出生在既有钱又有社会地位的家庭，对金钱和社会地位都不感兴趣，就将精力放在他钟情的精神生活——爱好上。由于疏于管理，托马斯去世后，老布登布洛克一手创办的粮食公司关闭了，产业被卖掉，仆人被遣散，布登布洛克家族也从此走向衰败。

事情到此并没完结：一个叫 W. 罗斯托的美国著名经济学家根据小说中描述的吕贝克一个商人家族兴衰的故事，揭示出一种在富豪后代身上普遍存在的摆脱经商重负的逆反倾向，称之为"布登布洛克式动力"。

这位美国经济学家还将布登布洛克式动力，称为"欲望更替论"。他在《经济成长的阶段》一书中认为，人有一种不满足现状，不断追求新东西的需求。第一代人的需求被满足之后，第二代人又会出现新的需求；第二代人的需求被满足之后，第三代人又会产生更新的需求。

按照马斯洛理论的诠释，一个人的需求，就是这样不断从低级的生理需求向归属、自尊的中级需求和自我实现的高级需求发展的。当一个人低级需求和中级需求的优势已经下降时，其高级需求仍然保持优势，并呈继续上升的趋势延续着。

当年法国人雷赛布在埃及国王的帮助下，刚开通了苏伊士运河，接着又打算开通巴拿马运河。由于巴拿马缺少一位能够动员大量劳动力的国王，雷赛布就决定出钱雇用当地劳工。谁知当地人根本没有劳动欲望，钱也就丝毫刺激不了他们的劳动积极性。

雷赛布见此十分着急，于是大声吆喊说："给你们工钱，快来干活吧！"巴拿马人听了问道："有了钱能得到什么好处呢？"雷赛布答："当了富翁可以光睡觉不干活！"巴拿马人说："要是那样的话，我们现在就可以睡觉，干嘛要去做那么辛苦的事？"

这虽然不无欧美人对落后土著的渲染和嘲笑，但它说明金钱也未必就能刺激劳动的欲望。

欧洲著名统计学家罗伦茨也发现，比利时的工人晚上睡觉前要喝一瓶酒，除此之外，他们不知道还有其他什么幸福和乐趣，因而没有获得更多金钱的欲望，也没有劳动的欲望。

那么，是什么力量使欧美人变得勤奋起来的呢？按理说，应当是统领一切的物质力量，特别是金钱的力量。但经济学家的回答却是：布登布洛克动力是一种神奇的力量源泉！因为每个人都有一种不满足现状、不断向往新东西的需求，布登布洛克动力能够促使人们欲望的不断更替和满足，因此，这个布式动力就成了人类生存的动力。

如前所述，布登布洛克式动力，是人类的欲望而非经济动机。因此，有多大欲望就必须有多大能力，否则要么只能望洋兴叹，要么就是灾难。因之，人们为了满足自己的欲望，就必须竭尽全力积蓄自己奋进的动力。只要我们冷静比照一下就不难发现，凡是创业的富一代，无一不是自小就对财富充满着强烈的欲望，而又无一不具备了创造财富的高度勇敢、智慧和能力。

华尔街富人教子有一个法则：就是推迟孩子欲望的实现，这是华尔街人特有的眼光。那条不足500米长的华尔街，就是一个布满荆棘的大峡谷，欲望就是那不见底的沟壑。华尔街人深知，人对物质的欲望是可以无限膨胀的。如果不让孩子从小习惯控制对物质的欲望，那么总有一天，恶性膨胀的对物质的欲望会毁了他们的子孙。

法国教育家卢梭在《爱弥儿》一书中曾说："你知道用什么办法准能使你的孩子得到痛苦吗？这个方法就是：百依百顺。"因为面对父母的有求必应、百依百顺，孩子头脑中会逐渐形成这样一个习惯性的思维：我要什么马上就能有什么。久之，孩子就会变得越来越任性，越来越贪心。

富一代推迟孩子欲望的实现，实际上是在有意识地克制孩子的本能释放。人对金钱和物质的欲望是没有止境的，而当今的人们是一个不惜用种种手段来刺激孩子欲望的社会，所以，使孩子养成控制自己欲望的能力是件非常重要的事情。而这是只有在家庭里才能够完成的教育。

美国心理学家瓦特·米歇尔曾经做过一个推迟欲望满足的心理试验。在美国得克萨斯州的一个镇小学的校园里，8个学生被老师带到一间空旷的大房子里，随后进来一个陌生的中年男子。他一脸和蔼地来到孩子们中间，给每个人发了一粒包装十分精美的糖果，他告诉他们说："这糖果属于你，你可以随时吃掉，但如果谁能坚持到等我回来后再吃，那就会得到两粒同样的糖果作为奖励。"说完，他和老师一起转身离开了这里。

随着时间一点一点过去，这颗糖果对孩子们的诱惑也越来越大，几乎到了不可抗拒的地步。这时，有一个孩子剥掉了精美的糖纸，把糖放进嘴里并发出诱惑的声音。受他的影响，又有几个孩子忍不住了，纷纷剥开了精美的糖纸。但尽管如此，仍有一半以上的孩子在千方百计地控制着自己，一直等到40分钟后那个陌生人回来。当然，那些付出等待的孩子得到了应有的奖赏。

后来，那个陌生人整整跟踪这些孩子20年。他发现，凡能推迟欲望满足的学生，数学、语文的成绩要比那些熬不住的学生平均高出20分。参加工作后，他们从来不在困难面前低头，总是能走出困境获得成功。

推迟欲望的满足，就是人们平常所说的忍耐力。人有时为了追求更大的目标，获得更大的享受，是可以克制自己的欲望，放弃眼前的诱惑的。事实上，那些因一时冲动而不顾后果的人，往往都是不能克制自己瞬间膨胀的欲望。相反，那些事业有成的人，往往能够把一个个小的欲望累积起来，成为不断激励自己前进的动力。

华尔街人深知，如果富一代被动满足孩子的每一个要求，那么富一代就会成为孩子的奴隶，即使倾家荡产也不会让孩子得到随心所欲的满足。我们应该设法让富二代懂得：诱惑无处不在，欲望随时产生。任何人也不能拥有整个世界，地球也不会总围绕一个人转，因此，每个人都必须学会等待和忍耐。

历史发展的规律总是惊人地相似，世界性的布登布洛克式动力，似乎正在中国的富二代身上重演。时光流转30年，当富一代把基业长青视为自己最大的抱负时，他们已不情愿地发现富二代并没有跟着他们的愿望走。如果他们读懂了布登布洛克式动力,就会明白富二代之所以不完全因循富一代的人生道路走,是因为出现了新的欲望更替,富二代背离父辈为他们铺设的轨迹就是不难理解了。

所以,中国的富一代要走出布登布洛克式动力的魔咒,必须懂得富二代欲望的更替规律,知道如何去推迟富二代欲望的满足,不让他们成为一个白金孩子。用美国人的穷养教育方式,让他们悟到金钱以外还有更重要的东西,从而对"子承父业"的历史重任充满了发自内心的动力,这应该是必要的一课。

4. 怀着感激和敬畏之心对待财富

马克斯·韦伯曾经指出,只有当人们能够普遍地以心怀感激和敬畏的心情对待财富、用正当合理的手段创造财富、以有利于社会的方式使用财富时,一个社会才会具有与现代文明相称的财富伦理水平,市场经济的健康发展和社会的良性运行也才可成为可能。所以,富人如何健康地支配财富,穷人如何友善地看待财富,人们如何正确地追求财富,这是形成财富伦理的关键所在。

佛经中将财富称作净财。所谓净财，就是清净的财富。在西方则被认为是"温和的财富哲学"。净财不但是维持生计的必要条件，同时还能利益于社会、造福于人类。所以，只要财富来源正当，对财富合理地分配使用，并且没有贪婪之心，是财富的主人而不是它的奴隶，这样的财富就是净财。

美国人大多信仰新教。他们的老祖宗原来多是欧洲人，就是因为这个原因他们来到新大陆后，创造出了一个个传奇。其中之一就是在美国资本主义时代的一句名言：创造财富是为了增加资本，增加资本是为了创造财富。故此，他们大都遵守"节俭、守时、公正"的原则，以商业立国。在短短两百多年的时间内，使美国坐上了世界老大的交椅。

恩格斯曾说，过去的200年，人类创造了过去2000年所没有的财富，这意味着过去的200年，人类消耗了过去2000年才可以消耗的资源。他说这话的150年之后，在中国过去30年创造了过去300年才有机会创造的财富，同时也意味着中国人消耗了300年才拥有的自然资源。

IBM的一句话，也令人深思：这个地球不是从祖先那里继承来的，而是从人类子孙那里借来的。从祖先继承过来的任何东西后人可以去消费，可是从子孙那里借来的任何东西都应该完整地交给后人。如何交给子孙一个完整的地球？这是需要全人类思考的问题。如果全世界的人都过上美国人的生活，人类就需要6个地球。可人类到哪里去找那另外的5个地球呢？

比尔·盖茨在一次电视访谈节目中，当主持人问到他具体有多少财富时，他估算了一下，报了个数字，然后，他忐忑不安、有些羞涩地说："好像太多了，这不太好吧？"这个可爱的世界首富，觉得自己财富太多了，于是有点愧疚，他也许担心他内心无比敬畏的上帝会谴责他占有得过多。

一次，诺贝尔经济学奖得主保罗·萨缪尔森在《微观经济学》中告诫所有的富人，一定要端正自己的态度，不要认为自己聪明就可以赚到钱，企业利润是全社会通力协作的结果，"要不你到沙漠和孤岛中去试试，活下来你就该感谢上帝了！"

美国前总统罗斯福家里失盗，被偷去许多东西。一位朋友写信安慰他，劝他不要在意。罗斯福在回信中说出了三条感恩的理由。他说："亲爱的朋友，谢谢你来信安慰我，我现在很平安，感谢上帝。因为：第一，贼偷去的是我的东西，而没有伤害我的生命；第二，贼只偷去我部分东西，而不是全部；第三，最值得庆幸的是，做贼的是他，而不是我。"

虽然感恩者不求回报，但事物总是相互影响的，所谓"赠人玫瑰，满手余香"，说的就是这个道理。所以，一个人一不小心遇见了财富，一定要心存感激和敬畏，感激那些曾经帮助过你的人，也感谢那些未曾帮助你的人，更要感谢社会给你带来的机遇；如果你是富二代、富三代，就应该感激和敬畏上天给你的运气。它们虽然遥不可及，但突然降临于你，你就应诚惶诚恐，不要去挥霍，也不要去炫耀，勇敢地去做一个有社会责任的人，这是做富人的本分。

一个人追求财富时，应该始终保持感激心态。对于你已有的财富要保持感激之情，对于即将获得的财富也要心怀感激，因为心存感激的人，大多将注意力锁定在最美好的事物上，这样，他就逐渐变成最成功和最优秀的人。

感激将带来更多值得感激的东西，因为感激之情拥有巨大的力量。永远心怀感激的人，已有的财富会因珍惜而弥久，新的财富会因和谐而亲近。"你接近上帝，上帝也接近你。"同样的道理，你越接近财富，财富就越接近你。感恩的心态让你更富有，也会传承得更长久，这是富人的《圣经》。

古人说："天令其亡，必令其狂。"随着人类改造自然能力的不断增强，人类对大自然的敬畏消失了，盲目自大滋生了。人类毕竟是大自然的儿女，对大自然的不敬和伤害，也许可以换来更多、更快的财富，但总有一天，终会因这些狂妄行为而得到不良的报应，今日世界的臭氧层被破坏，气温升高，层出不穷的地震、干旱、泥石流以及各种意识不到的灾难已发出可怕的警示，这何尝不是在告诫人们在对待财富上，应该怀着崇高的心情去敬畏它，仰望它。

人一半是天使，一半是魔鬼。敬畏财富是天使，亵渎财富是魔鬼。德国哲学家康德说："有两种东西，我对它们的思考越是深沉和持久，它们在我心灵中唤起的惊奇和敬畏就会越来越历久弥新，它们一个是我们头上浩瀚的星空，另一个是我们心中的道德律令。"

敬畏是人类的最优秀的品质，也是心灵的最高境界。在物质文明高度发展的今天，人们敬畏的品质正在弱化、变异，这是一种可怕的缺失。当一个人对财富失去了敬畏之心,就会对财富丧失起码的伦理道德,财富也因此而失去了方向。

在远古文明中,人们对自然充满了敬畏,河流、山岳、星空、动物都是人类敬畏的对象,不敢随意冒犯。但工业革命以来,人们将敬畏变成了改造和征服,随着人类财富的迅猛增加,人类生存的空间却愈来愈小。财富多了,大自然对人类的威胁和惩罚也大了,这不是人类所真正需要的。

恩格斯早就警告说:"我们不要过分陶醉于对自然界的胜利,对于每一次这样的胜利,自然界都报复了我们。"这就是大自然对人类的反击,所有这一切,都是人类求富心切、丧失敬畏之心引爆的大自然反击。

人类所有的财富,都来源于大自然的恩赐。所以,感恩大自然,不仅是人类应持的在自然面前表现出的能动性节制,也应表现为人类服务自然、回馈自然理性精神的张扬。无论是穷人或富人,怀着感激的心情对待他人、社会和自然,必然得到应有的回报。这不是功利的交换,而应该是为人做人的起码品德和操守。

5. 真正的财富是内心富贵

在《隋书》中有这样一个故事：北周武帝宇文邕诛杀宇文护亲掌朝政后，杨素因曾受宇文护的重用，所以遭到株连。此时，杨素以其父杨敷死于北齐，却未受朝廷追封，便上表申诉。周武帝不理。杨素再三上表，周武帝大怒，下令杀杨素。杨素高声说："臣事无道天子，死其分也。"

周武帝闻后，对杨素刮目相看，赦其无罪，并追封其父为大将军，谥忠壮，拜杨素为车骑大将军、仪同三司，并逐渐对其有了好感。不久，周武帝又令杨素起草诏书，杨素下笔成章，文词华丽，周武帝赞扬道："善自勉之，勿忧不富贵。"杨素却回答说："臣但恐富贵来逼臣，臣无心图富贵。"

杨素虽然不贪图富贵，但他的胆量却是来自他内心的富贵。

英国人蒙哥马利也写过一个故事：他说有一对兄弟，是两个德国裔的小伙子，于1845年来到正在垦荒的纽约。哥哥有一技之长，泡菜做得很好，弟弟太年轻什么都不会做。哥哥为了生计，去加利福尼亚一个乡下，买了一块土地做泡菜。弟弟留在了纽约，一边打工，一边上学，攻读地质学和冶金学。

4年以后，弟弟大学毕业了，到加利福尼亚来看望他哥哥。哥哥说，你现在手里都有什么呀？弟弟说，我除拿了个文凭，别的什么都没有。哥哥说，你还是应该跟我扎扎实实地干活啊。

于是带弟弟去看他的那个菜园子。弟弟蹲下来看了看菜，扒了一下菜底下的土，在那儿看了很久，之后进屋去拿了一个脸盆盛满了水，把土一捧一捧地放在里面漂洗后，露出了非常惊讶的表情——因为他发现脸盆底下，有一些金灿灿的、亮闪闪的金属屑。弟弟通过专业鉴定，惊叹说："知道吗？你是在一座金矿上种卷心菜。"

可以看出，哥哥的金矿，是来自弟弟内心的富贵，即学问。

西楚霸王项羽带兵进入秦朝首都咸阳，经过一番厮杀抢夺后，项羽发了横财，这时他要提兵返乡了。他的决定让很多人感到意外，一些谋士劝他："咸阳是全国的政治中心，此时要做的不是回家，而是永久地经营这里，号令天下！"然而，这位大英雄却说："富贵而不还乡，犹如锦衣夜行！"

与项羽相反，他的对手刘邦占领咸阳后，却是另一种做法：他让人封了秦宫，一分钱不拿，一个女人也不沾，完全一副不贪财不好色的样子。他所做的是为了他的长远利益而安抚人心。

项羽的耀富，让他错失了坐拥江山的良机；刘邦虽然出身贫寒，但他内心的富贵，却让他最终做了汉朝开国皇帝。

德国哲学家亚斯贝斯说过：中国出孔子、印度出佛陀、犹太出耶稣、古希腊出苏格拉底的时代构成了人类史上的轴心时代。这个时代以前的所有时代都是为这个时代的到来作准备，以后的时代往往都要回到这个时代来解决本时代的问题。

孔子在讲"死生有命，富贵在天"时，实际是强调生死富贵对人并不是最重要的，是有待的。人有时需要放下生死富贵，提升非外部制约的、高出于生死富贵的心灵境界和人格修养。"舍生取义"就是其中一种价值取向。孟子也说过，人区别动物的东西不太多，人把这一点提升了就是仁。这些都是人内心的富贵。

如果说孔子是圣人，那庄子就是神了。庄子说，真正的仁人志士，不怕生活上的贫困，怕的是精神上的潦倒。一个人可以困窘于贫困，但他的内心是否真正在乎这种贫困，他对于一个利字看得究竟有多重，这就决定了他面对贫困的态度。所以，他的乘物以游心、可以独与天地精神而往来的境界，也是一种内心的富贵。

北宋著名的思想家周敦颐，也有一种脱俗的富贵观。在他看来，真正的君子应该以"道充"为贵，以身体安康、完好无损为富。只要生活泰然、吃饱穿暖、道德情操高尚，就是人生最大的富贵。他说，天地之间最难得的东西有三样：道、德、人，而能合道与德于一身的人，则贵且尊。

古往今来，人们在面对富贵时，大致有两种取向：一个是向外求助于其他事物，另一个则是向内求助于自身，后者即是追求内心的富贵。一个人高度注重精神生活的追求，内求诸己，即是"道充为贵"。一个人只有突破对金钱、利益、权力的追求，上升为道德的境界，才能达到"富且贵"的目的。

宋朝的范仲淹，还是一个穷秀才的时候，心中就有救济众生的抱负；后来作了宰相，便把俸禄全部拿出来购置义田，赡养一族的贫寒。后来又买了苏州的南园作为自己的住宅，风水家端详许久说："此屋风水极好，后代会出公卿。"

闻此，范仲淹想，这屋子既然会兴发显贵，不如当作学堂，如若能使苏州人的子弟在此中受教育，多数人都能兴发显贵，岂不更好！于是他立刻将房子捐出来，作为学宫。或许因为他这种心系众生、不愿自己一家独得好处的品德，使得自己的四个儿子，作了宰相公卿侍郎，而且个个都道德崇高，直至传到了数十代子孙，到现在为止，已经是八百年的传承。

他曾说过的一句话，道明了他清明的心志，即：精神愈用而愈出，智慧愈苦而愈明。也就是说，一个人的嗜欲深则天机浅，物欲少则心智明。所有这些，都是他内心富贵所带来的福祉。

《金刚经》中有言："度尽众生，自觉未度。""布施济众，不觉有施。"这是世界最高的道德。古今以来的圣哲，大都洞悉这个道理，一个人需要经常使自己站立在吃亏的地位，谦卑退让，舍财不贪，克己利人，义务心要重，权利心要轻，才能做到内心的富贵、上乘的精神。

写尽富贵兴衰的传世之作《红楼梦》第三回中当俏丽的林

黛玉进荣国府时,贾母作为荣国府中的老太君,生怕黛玉受人冷眼,就说:"虽说全府上下都是一颗富贵心,两只体面眼,但是都不能小看她。"一颗富贵心,两只体面眼,也就把内心的富贵说得淋漓尽致。

已入耄耋之年的李嘉诚曾说:"我最近常常对人说,我有了第三个儿子,朋友们听说后都一脸不好意思地恭喜我。我很高兴,我不仅爱他,我的儿子也将爱他,我的孙儿也将爱他。我的第三个儿子就是我的基金会。"

当李嘉诚从一个学徒发展变成富人之后,这才发现有了钱却并不快乐,于是,他开始探索内心的富贵。为此,他28岁时,首度一夜无眠;75岁时,再度彻夜未眠;直到他把基金会当成第三个儿子,才从此豁然开朗,悟出金钱的真义,于是拿出三分之一财产捐作公益基金。

如今,他重新诠释了金钱的意义。他推崇范蠡和富兰克林,以从商所得改造社会,堪称富而且贵的典范人物。

为了诠释李嘉诚推崇范蠡和富兰克林的精神,我们不妨再引用一下他们的故事:

范蠡协助勾践复国后,看透时局,转而赴齐,从商致富。他担心盛名将带来恶果,于是散尽家财,分给亲友邻居,只带少数财物迁至陶国,自称陶朱公。他继续从商,没过多久,又成巨富。

协助起草《美国独立宣言》的开国元老富兰克林,被认为是唯一能与美国国父华盛顿竞争的人,但他坚持留给制宪会议的绝非名誉高位，而是他博大的胸襟与超人的智慧。他辉煌的一生曾给人类历史留下不灭的光芒，可最终在他的墓碑上，却只简单地刻了"富兰克林，印刷工人"八个字。他用以起步的印刷业为他带来过大量财富，他又利用这些财富为人们建立了图书馆、学校和医院。

古今中外的富人，对于金钱各有不同的诠释，只有极少数的富人使他们的金钱发挥了影响力，推动了社会的进步。不管是范蠡能够散尽千金，惠及邻里，还是富兰克林致力公益，推动社会变迁，建立未来的社会，都是因为他们内心的富贵而留名青史。

李嘉诚说：钱财是一个变数，今日坐拥万千，也许，明天一跌就折半了。只有拥有内心的富贵，才算是一个真正的富人。财富不是单单用金钱来比拟的。衡量财富就是我所讲的，内心的富贵才是财富。如果让我讲一句，富贵两个字，它们不是连在一起的，这句话可能得罪了人，但是，其实有不少人，富而不贵。真正的富贵，是作为社会的一分子，能用你的金钱，让这个社会更好、更进步、更多的人受到关怀。所以我就这样想，你的贵是从你的行为而来。

在美国社会，人们谈一个体面的富人，很少谈他或她住什么房子、开什么车、怎么花钱。人们谈论的，是这些人都捐了什么。好在中国富人阶层的眼光，也开始从别墅、奢侈品等物质层面剥离出来，为实现内心的富贵，而转向了多做一些道德、慈善层面的事情。

6. 财富是留不住的

古人说:"钱财为 5 家所共有。"这 5 家,就是恶王、贼、水火、败子,还有你自己。也就是说,黑暗的官府、盗贼、无情水火、不肖子孙,随时随刻都可能掠走你的钱财。所以说,财富是流动的,没有什么人能够真正拥有,应取之于社会用之于社会。

佛家也说,财可分为内财与外财。内财是指自己的身体,外财即指钱财,也叫身外之物。无论是内财还是外财,人到命终时,都是带不走的。所以《大智度论》说:"富贵虽乐,一切无常,五家所共,令人心散,轻躁不定。"

钱财五家所共,道出了人世间金钱运的真谛。如果懂得这个道理,人们对待财富的态度,就会更加超然豁达,不会把自己作为财富的占有者,而只是财富的托管者,从而在有了一定财富后,便会想方设法去回馈社会。

事实也是这样:当一个人的财富到达一定的程度之后,财富对于他们来说,只是一个普通的符号而已。如何用这些多余的钱财,去发挥它的道德价值,去实现它真正的社会意义,这是一个财富拥有者从守财到散财到与社会共财的境界提升。

众所周知，一个人的财富无论多么巨大，它永远只是包含在社会整体财富之中。一旦个人的财富脱离了整体财富，它就立刻不成为财富了。因为个人一定是整体的一部份，包括他拥有的财富也是。所以，从这个角度来说，个人的财富也应尽力去服务与肥沃社会，去帮助有缺陷的社会去做一些力所能及的慈善之事。

富人应该明白，个人财富的增加，与社会财富的增加是一致的。所以，在追求任何财富时，都不能只顾自己而不顾别人，一定要考虑整体的利益，因为个人的财富是乘载在整体财富之上的。如果你在损害它，从某种意义上说，也等于扼杀了你自己。为什么？因为你违背了财富整体性的内在规律，你破坏了财富生态上的意义。

从经济学角度看，尽管人类的社会活动纷繁复杂，但总结起来，其本质的东西，不外乎这四个环节：财富的生产、转移、分配和消费。财富是社会活动的起源和动机，是社会活动的目的，是社会活动的推动力，是社会活动的润滑剂，是社会活动的产生品，也是社会活动的消耗品。所以，财富伴随在一切社会活动的每一个过程、每一个生动而微妙的细节之中。

人们的一切活动，基于财富而发生，又以财富为目的。没有一个人可以脱离财富而存在，也没有一项社会活动可以脱离财富而进行。财富是人类社会的核心主题，几乎所有的人类活动都围绕着这一永恒的主题发生和发展。所以，富人在积蓄了巨大财富之后，去行善如流，去建立社会功德，这是在做最正确的事情。

如本书前面所引，被人称为"经营之神"和"慈善之魂"的王永庆，在他 93 岁高龄辞世之际，留给儿女们一封信。这封短短不足 600 言的信中，有些话必定成为财富名句、慈善箴言。他说："我们透视财富的本质，它终究只是上天托付作妥善管理和支配之用，没有人可以真正拥有。"这种慈善思想和财富责任感，折射出的是圆满人生的至高境界。

财富是人类永恒的话题。古往今来，包括在现实生活中，几乎所有的人都沦为了金钱的奴隶，所有的人终生营营役役，都是被金钱所驱使着而迷失了自己的本性。这时，金钱成了一副毒药，将人的精神世界腐蚀得支离破散，充满贪婪。为什么？就因为认不清财富的本质，看不到财富的庐山真面目。

被历史潮流推到台前的富二代，作为先富阶层的继承人，更需要对财富的本质有深切的认识和理性的判断力。只有这样，才能在继承了庞大的财富的之后，真正成为财富的主人，最大限度地发挥财富的功能，造福于己，造福于他人，造福于社会。

财富传承的真正奥秘，将在慈善力的作用和演绎下，走得更久、更远。

第六章 财富多磨砺:穷养和训练是最好的试金石

华尔街人有一个成功的育子哲学,即最大限度地推迟孩子欲望的满足。因为财富是有基因性格的,只有不断地激活它,磨炼它,才能保持其旺盛的生命力。所以,穷养、历练和尽量推迟孩子欲望的满足,是将他们培养成为财富种子的最好办法。

——启示录

1. 帮助孩子做一个"零花钱"的理财计划

古希腊神话传说中的塞浦路斯国王皮格马利翁性情很孤僻,但他却非常善于雕刻,他在孤寂中用象牙雕刻了一座理想中的美女像。久而久之,他竟对自己的作品产生了爱慕之情,并祈求爱神阿佛罗狄忒赋予雕像以生命。阿佛罗狄忒被他的真诚所感动,就使这座美女雕像活了起来,皮格马利翁果真娶她为妻,从此过上了快乐的日子——这就是皮格马利翁效应,也就是我们常常所说的梦想成真。

理财是一种基本的生存能力,对孩子来说,从小学会理财,就会在孩子心中拥有一个财富的"皮格马利翁效应",并逐渐积累起财富接力的本领。

如今,不但富二代奢侈、浪费等现象频频曝出,即使是那些经济条件很一般的家庭,也出现一种较为普遍的现象:再苦不能苦孩子。于是,孩子手里的零花钱便多了起来。尤其是过春节,孩子从长辈手里得到的"压岁钱",可谓数目不菲,少则几百元、多则成千上万元。对于如何处置孩子这些"私房钱",家长们还真是颇伤脑筋。

哲学家培根说过:如果孩子小的时候,在金钱上过分吝啬于他，孩子的性格将会变得猥琐。但不加限制地给孩子零花钱，又容易让孩子养成大手大脚花钱的坏毛病。所以，在中国特有的"小皇帝"时代，家长不仅要教会孩子节约，也要教会孩子花钱，更要教会孩子理财。不管是穷孩子还是富孩子，学会理财是同等重要的，这对于他们今后的人生起着非常大的作用。

据专家分析：6到12岁是儿童理财观念培养的黄金时间，既培养了孩子良好的生活习惯，又便于及早形成孩子的独立生活能力。

家长为孩子做一个零花钱的理财计划，重在引导孩子合理地利用这些零花钱，让孩子从小就根植正确的理财意识和消费观念。

○储蓄意识

美国石油大王洛克菲勒说他成功的基础就是16岁时开始养成的储蓄习惯，可见储蓄习惯对一个人的事业发展史有很大帮助。当孩子有了自己的"私房钱"时，就应开始培养孩子的储蓄意识，家长可以带着孩子走入银行，以孩子的名义开一个存款账号，把孩子的"私房钱"存入他的账户。孩子第一次从ATM机里将钱取出时，要让孩子知道账户里还有多少钱，并告诉孩子：钱可不是长在ATM里，也不是永远取不完的，只有不断地存入，才能有钱可取。

父母还应督促孩子有计划地使用自己的存款，协助孩子拟订一个消费计划，除了供给小孩最基本的生活必需品外，有些消费让孩子用自己的存款去开支。例如，小孩想买玩具、网球拍、自行车或去旅游，父母就应指导孩子用全部或一部分的存款来实现，这样就使孩子认识到储蓄的意义，体会到用自己的存款来买自己想要的东西时的愉悦和兴奋，而且也培养了孩子学会有计划地管理金钱的能力，让孩子在不经意间养成了储蓄的良好习惯。

○投资意识

家长带孩子走入银行，教孩子学会使用ATM机，尤其是给孩子管理一个独立的银行帐户，无疑就为孩子上了一堂生动的理财入门课。

要让孩子知道银行的作用是什么？将钱放在银行和放家里的区别在哪？将银行储蓄的方法、种类、利率等知识逐渐教给孩子，这种体验式的教育能让孩子对理财印象更深刻，对银行也有一个初步的认识和了解。银行储蓄是一种风险最低的投资，让孩子把零花钱存入自己的户头，根据存款的形式和期限，按期获得一份收益。每半年或一年，就和他坐下来算算这个户头得了多少利息，在原有基础上增加了多少。

除了储蓄之外，父母还可以教孩子做个组合投资计划，如各种形式的教育储蓄或保险、基金定投等。现在，一些银行推出了很多少儿专门账户，也有不少注重儿童成长性的理财产品，可供选择。家长要提醒孩子定期关注投资情况，让孩子分享投资理财的经验，并通过这些投资，获得一定回报，给孩子的成长以更安全的保障。这样孩子就会慢慢明白，钱不仅可以用来花，更可以用来投资，而且越理越多，从而培养孩子的投资意识。

○消费意识

协助孩子做一个"零花钱计划"，在于引导孩子拥有一个正确的消费观念。合理的分配和使用零花钱，使其的作用发挥到最大，是孩子学习理财中的重要一步。由于孩子受年龄和经验等因素所限，刚开始消费时他们难免比较任性和盲目。此时父母应帮助孩子制定消费计划，并在孩子消费过程中和消费之后，及时帮助他们总结，并给孩子一些建议和经验。这样不仅锻炼了孩子的理财本领，而且也是对孩子自主能力、审美观念的锻炼，丰富了孩子的生活经验。所以，家长应对小孩讲清长辈给零花钱和压岁钱的用意，引导孩子把这些钱用在有利于自己的学习上和有意义的事情上。

（1）用作学习费用：家长可以引导孩子把储蓄起来的存款用在学习费用的开支上。孩子平时的学习费用也是一笔不小的开支，如学习用品、益智玩具等，让孩子把存款用在学习费用上，这样既可以减轻家长的经济负担，又能培养孩子的自立精神和家庭责任感。

（2）订购报刊、学习资料：家长可以引导小孩用存款到图书馆去办理阅读卡，或是引导孩子订购喜爱的报刊、学习辅导资料，这样可以帮助孩子开阔眼界、增长知识，养成爱读书的好习惯。书报还可以与小伙伴交换阅读，增进彼此的友谊和知识。

（3）爱心扶贫：富裕的家庭，还应引导孩子从零花钱中分出一部分来帮助别人，如资助残疾人、贫困者，或是为贫困落后地区的小朋友奉献爱心、帮助失学少年儿童上学、开展一帮一的活动等，以培养孩子助人为乐的精神，扩大孩子的爱心，做更多的对社会有意义的公益之事。

（4）孝顺老人：小孝为家，大孝为国，家长应引导孩子把零花钱中的一部分用在孝顺老人上，在自己的长辈、或是敬老院的孤寡老人过生日时带孩子去看望老人，并让孩子赠送点小礼物，以培养孩子尊老的千古美德。

让充满亲情、吉祥的压岁钱和平时攒起来的零花钱，成为培养孩子理财能力的起点，这也是一个向传统的理财方式提出的挑战，这将成为孩子成长的重要元素。

2. 参加"省钱夏令营"

如果说，创造财富是当今大多数人梦寐以求的想法。那么，对于孩子来说，让他们早日认识到省钱的好处和方法，就成了最为时尚也最具诱惑力的理财教育了。

"省钱夏令营"最早出现在美国，其创始人是美国加利福尼亚州的伊丽莎白·多纳迪。她创办的"省钱夏令营"是一个非赢利组织，面向10岁至16岁的少年，给孩子讲授一些理财的基本课程，让孩子掌握"财富"背后的潜在规则，也会安排孩子到银行参观；假装成消费者，使用假币消费；听取白手起家者讲述他们的成功经历。尤其是在2005年，由于美国人的债务总量已达历史最高水平，而存储率则创下历史最低。不少家长表示，希望自己的子女能早日学会如何理财，而把孩子送进哪个"省钱夏令营"就成了很多美国家长的一件大事了。

类似这样的"省钱夏令营"，在中国也有几个地方组织过。2005年，上海浦东发展银行组织的"省钱夏令营"，在为期不长的5天内，通过为孩子们讲解趣味理财故事、自行购物等方式，让他们学习基本的理财知识，培养他们的理财意识和能力，促使孩子们更加理性地对待金钱。

2007年，杭州组织的"省钱夏令营"，参加的都是些家庭背景不简单的孩子，不少都是"富二代"。组织者给他们讲授一些预算、投资、储蓄等方面的知识，然后把孩子们分成几组，并分给每个孩子一笔原始基金，让他挑选一个投资或理财项目，在一个"做个赚钱的小老板"项目里，孩子需要自己"出资"买"原材料"，然后进行"加工"或"包装"，最后的"成品"需要卖出去，价格不能低于限定的"最低价"，而且必须在限定时间卖出去。在七天的时间里，有的孩子就成了"赚钱的小老板"，而有的孩子就成了"亏本的小老板"。

让孩子参加"省钱夏令营"，就是要让他们更理性地对待金钱，这也是另一种方式的理财教育。

3. 建立一个"道德银行"

《百业经》是佛祖释迦牟尼宣说因果不虚的一部经典著作，里面收集了一百多个公案，"种下善根，得佛授记"是其中的一个。那里面讲：一天早上，世尊身披袈裟、手持钵盂在舍卫城中化缘，当时有位施主供奉出了许多美食，其中包括面饼和食团。一个婆罗门的儿子看见这些美食后，飞跑过来乞求世尊："把这些面饼和食团给我吧。"世尊没有立即给他，思索了一下，对他说："你先说'不要'，我再给你。"婆罗门的儿子迫不及待地照着说了，于是世尊便慈悲地将美食给了他。后来众弟子问世尊为什么要这么做？世尊说："这个婆罗门的儿子很贪心，见着什么都想要，就从来没说过'不要'。今天有了这个因缘，就让他说一句'我不要'，这样就能为他种下一点善根，也许转世能修成正果。"

从这个故事中，我们可以看出善根是一点一点种植下来的。为孩子建立一个"道德银行"，就犹如让孩子不断地去种植自己的善根。

目前，"道德银行"已经在学校、家庭、社会三个层面推广，这是顺应时代社会发展而出现的新的教育方式。如今，不论是在学校，为了培养学生良好的道德行为习惯，还是在社区，为了加强公民道德教育，"道德银行"如雨后春笋般涌现。

现在的孩子大多都有自己的见解、独立的意识，并且乐于接受新生事物，家长只要懂得因势利导，就能将孩子塑造得更加完美。

为孩子建立一个"道德银行"，用来存储孩子日常生活中的各种道德行为，也是为孩子点点滴滴的道德行为提供一个确认平台，从而培养孩子"不以善小而不为，不以恶小而为之"的良好的道德行为习惯，促使孩子从小树立奉献、友爱、互助、进步的道德观念。品格是一个人成功的基础，也是一个人与他人打交道的道德资本。培养孩子良好的品格，实际是给了孩子一生享用不尽的财富。小时候能当道德行为的"富翁"，长大后的品格就会更加高尚，成功也就会与他不期而遇。

那么，家长如何为小孩建立一个"道德银行"呢？

○**规范性**

"道德银行"与金融机构的银行不同，孩子的"道德银行"存折里储蓄的不是金钱，而是那些有利于他人、有利于社会、体现诚信的道德行为。家长为孩子精心制作一个"道德银行"的帐号和道德储蓄卡，模仿银行的运作方式，分为道德储蓄和道德支出两部分。孩子的每一次诚信的行为，如拾东西交公了，参加了志愿者服务等，家长确认后，及时为孩子在"道德银行"里换算成积分，然后存入其道德储蓄卡里，孩子随时可以查阅自己的道德积分；若孩子做出损害社会公德、危害他人利益的行为，如违反校纪校规、有不文明行为等，家长发现后，就在小孩的道德储蓄卡中支出相应的积分。这样"道德收入"与"道德支出"就分明了，家长还要每个月都为孩子的"道德银行"结算一次，并视道德储蓄卡的积分情况给予孩子一定的精神奖励或是惩罚。

○ **鼓励性**

"道德银行"成立伊始，家长要让孩子明白，建立"道德银行"，就是让他在主观上对"良好的道德行为"，产生一种尊重、理解与认可。在客观上促进他多做好人、好事，起到净化社会风气的作用。尤其是在诚实、信誉等美德已成为现代公民着力追求的无形资产的今天，鼓励孩子走入"道德银行"，其实就是在强化孩子的道德观念，使孩子在遵守基本道德规范的基础上，不断追求更高层次的目标。同时，家长也必须尽力减少"道德银行"带来的负面影响，避免孩子为挣道德储蓄卡积分而去做好事。

○ **辐射性**

针对目前大多数孩子流露出的以自我为中心、不想做事、不愿奉献爱心、害怕吃苦等倾向，作为家长，应把孩子"道德银行"的实践同社会需求结合起来，如社区援助、志愿者服务等，突出"道德银行"活动的思想内涵，使孩子在实践中得到"道德"的熏陶，让孩子的"道德银行"实践活动，来源于生活，根植于社会。这样才能为孩子的"道德银行"注入新的活力，从而充分发挥"道德银行"的实效，并显示出"道德银行"强大的生命力和辐射力。

孩子一旦在道德银行养成了良好的道德行为习惯,他的"善根"就会如火种一样点燃他今后精彩的人生,为他今后的成功储备无限的能量。

4. 对孩子进行"苦难教育"

明代通俗文学家、戏曲家冯梦龙的《古今谭概》中,有个"翠鸟移巢"的寓言小故事,读起来很耐人寻味:翠鸟是种很孤傲的鸟,它们总是将窝巢筑在高处,以防不测。等到小翠鸟出世以后,翠鸟妈妈生怕小翠鸟从高处摔下来受伤,便将窝巢往下移了一点。没过多久,小翠鸟长出来羽毛,看上去美丽极了。翠鸟妈妈因此更爱它,翠鸟妈妈十分担心小翠鸟有个三长两短,于是再一次将窝巢往下移了。哪知,小翠鸟虽然没摔坏,但不久就让路人顺手抓走了。

幸好这只是一个寓言故事,是用来警示人们在生活中,不要犯类似的错误。在真实的大自然中,所有动物都在你死我活的残酷斗争中学会了如何求生存,否则它们就要面临种族灭绝的危机。

有着"绅士"风度的南极企鹅,算是动物里比较文雅的一类，企鹅妈妈对幼子的爱护，可谓费尽了心机。它们总是将食物嚼烂后才反刍给绒毛未退的小企鹅们，但是每次喂食总是在跑步中完成。因为企鹅妈妈明白在食物匮乏的南极大陆，那些体弱的、跑不快的小企鹅，根本得不到充分的食物，迟早都得饿死。所以它们选择了一边跑一边喂食的方法，以保护那些跑得快的、竞争力强的小企鹅。

自然法则表明，只有强壮的后代，才有足够机会独立地获得食物。残酷的生存斗争教育了动物，使动物们都懂得必须从小练就一身本领，否则就难以生存下去。

动物尚且都有这种生存智慧，反观我们人类，随着社会的发展和物质条件的改善，反而越来越忽视对后代的"苦难教育"。

对于八十年代以后出生的孩子而言，尤其是对于"富二代"，他们富裕的家庭环境，加上父母对孩子的娇生惯养，很容易形成或奢侈、或叛逆、或不体谅父母、或不珍惜朋友等心理趋势。这一切都不利于小孩的心身健康的发展，因为孩子的人生不可能是一帆风顺的，只有从小让他们多得到一些苦难教育，他们的心灵才会有足够的承受能力，来接受社会的各种生活压力和工作挑战。也只有这样，他们才能担当得起更重大的责任，成为一个对社会有用的人。

在美国，父母很重视对孩子自立能力和独立生存能力的培养，有一些州立中学规定：学生不能带一分钱，独立谋生一周才允许毕业。美国的家长们认为，这对锻炼孩子的独立生存能力是有十分有益的，况且美国发达的市场经济和激烈的竞争社会，客观上也要求每个社会成员必须具备这种自立能力和坚毅精神。

　　在日本，一些家庭也崇尚"苦难教育"，从小就培养孩子的吃苦能力。到了冬天，父母大多会让孩子赤身裸体于天寒地冻的风中，摸爬滚打一定的时间，不少孩子嘴唇冻得发紫、浑身发抖，父母则站在一旁，置之不理。那些富裕的大城市的学生，父母经常让孩子到偏远的山区去接受艰苦的生活训练。其目的就是通过"苦难教育"，培养孩子吃苦耐劳的精神和坚忍不拔的毅力。

　　在中国，有很多从苦难中挣脱出来的富人，因为自己吃了很多苦，所以就想让孩子好好享受，最后将孩子惯成了纨绔子弟，甚至酿出危害社会的苦果。难道这仅仅是财富惹的祸？要说富有，中国有多少人能富过香港富豪李嘉诚？他虽然富甲一方，却非常注重培养孩子的独立生活能力，让孩子从小就接受苦难教育。在他的教育下，他的两个儿子都非常优秀。让他欣慰地感到，他的事业后继有人了。

　　可见，为了孩子的未来，对孩子来点苦难教育，让他们从小就摔摔打打，直面人生的"苦难"，吃一些苦头，哪怕受一点折磨，孩子反而会更加懂事。对苦难生活有着切肤体验后，无论是生活、学习，还是以后走上社会，就能拥有一个强健的体魄和一颗健康的心理，以及一种良好的适应现代社会的独立能力。这样就能使孩子懂得珍惜生活，懂得创富过程的艰辛，懂得父母在"苦难教育"中给予他的真正关爱和呵护。

5. 一切从最底层奋斗起

如今的"富二代"有这么几个突出的特征：生活条件好、教育条件好、创业条件好。他们生来就处于社会的富裕阶层，担负着家族财富的传承重任。尽管父辈给了他们一堵可以依靠的厚实的墙，给了他们一个能起舞高飞的平台。但是，目前中国真正有作为的"富二代"却是少而又少，而愿意一切从最底层开始奋斗的"富二代"更是凤毛麟角。

中国的第一代民营企业家已经大多年过半百，其中许多人之所以成功，是因为他们大多是白手起家，而且一切都是从最底层奋斗起。他们在各种苦差使中学会了潜水，并经历一番辛苦繁琐、单调乏味的工作，磨砺了自己对压力的心理承受能力。他们在最底层时，乐于接受并主动要求份外的工作，提升了自我，扩展了各种社会关系与团队管理能力。他们迅速高效地处理不分大小的任何事情，形成了脚踏实地去开创事业的作风。

美国的"娃娃大亨"层出不穷，这与美国大学生"一切从最底层奋斗起"的风气有关，从最底层奋斗过来的企业家，更知道如何和员工打成一片，如何赢得员工的心，以及员工最需要什么，最期待什么。

如果说人生成功需要具备天时、地利、人和这三大元素，那"富二代"是少数的幸运儿。他们的父辈已经打下一片天地，创造了一定的家业，把他们送到了海外最好的学校，受到了西方国家先进的高等教育，为他们提供了"天时"；中国的家族企业都是第一代创办公司，打下了坚实的经济基础，并希望在第二代做得更加有声有色，可以说是有资金链、有人力资源、有企业文化，这就为"富二代"创业有了"地利"；而绝大多数人的"富二代"只要能一切从最底层开始奋斗，就可拥有一个广博而专业的认知过程，就能让自己的视野更加宽泛，想自己少一些，想别人多一些，以聚积"人和"，就会产生一种"从大猩猩变成了人类"的加速度，走向传承财富、创造财富的成功之路。

一切从最底层奋斗起，等奋斗到了高峰，会感觉风景更加美好。

6. 让孩子成为财富的种子

记得父亲曾经给我讲过一个这样的故事：从前，有一个孤儿，家里很穷，这年刚入冬，他的全部口粮只剩下父母生前为他留下的一小袋豆子。他虽然饥饿难忍也不去触摸那一小袋豆子，因为在他心中总有那一株株豆苗在旺盛地生长。在那个漫长而寒冷的冬季里，他多次饿昏过去，却一直不愿去动袋子里的一颗豆子。他知道，那是希望的种子，生命的种子！第二年春天到了，孤儿把那一小袋豆子播种到地里。到了秋天，他收获了百倍的豆子。就这样，日复一日，年复一年，种了又收，收了又种。几年过去了，孤儿的屋里囤满了成包的豆子，并成了远近闻名的富裕户。

如何把孩子培养成财富的种子？或许这则故事能给望子成龙的父母们一点启示。

现在有很多的父母对孩子的培养，注重的是智商和情商，而对财商教育则有所忽略。其实，家长只要耐心、细心、智慧地去培养和引导孩子，孩子的财商会得到很大提高。

财富也是可以培养出来的。在法国，父母在小孩3、4岁时，就开始"家庭理财课程"；在日本，小孩在课余时间大多是到校外参加劳动赚钱，坚持"除了阳光和空气是大自然赐予的，其他一切都要通过劳动获得"；在美国，小孩从三岁起就有了"实现财富的人生计划"，并依据孩子不同年龄段，进行不同经济学理论教育。

可见，对孩子从小开始财商教育，这样就能提升孩子对财富的认知、管理和创造能力，从而让孩子成为财富的种子，并使财富与孩子一起成长。

财富不倒翁巴菲特曾说：人生其实就是一个滚雪球的过

程，一定要找到一个合适的地方，让自己的雪球能够越滚越大，这样你的生意可以越做越好。

因此，父母应让孩子在心里留下"财富"这颗"种子"，让"财富"成为孩子心中的"雪球"，并在漫漫岁月里越滚越大。

7. 走出"幸运精子俱乐部"

股神巴菲特给"富二代"下了一个生动的定义，他称这些人为"幸运精子俱乐部"的会员，他们拥有比别人更多的财富不是因为他们自己，而是因为上帝。

当代中国，财富拥有的时间虽然短暂，但却在这些"幸运精子俱乐部"中衍生了不少不务正业的"纨绔子弟"，也出现了无数的"败家子"，这说明了仅仅依靠财富是不能成功地培养孩子的。

拥有大量财富而忽略了培养孩子的品格和能力，有时反而会出现许多问题。财富会使孩子养尊处优，让他们只会享受，不懂得靠自身努力去奋斗；财富会使孩子习惯稳定和舒适的生活方式，这样会抑制他们各种才能的发挥，使他们成为只会享乐而不具有创造财富能力的人；财富会使孩子不能及早形成独立的生活能力，使他们失去经历属于自己的成功和失败的机会。这种继承来的财富不但不会给他们带来幸福，反而有可能给他们带来伤害，并不利于孩子的成长。

在美国人，"自我奋斗"是整个社会所崇尚的一种精神，他们坚持"再富不能富孩子"的教育原则。富且仁，已成为许多美国富豪们在超越物质需求后的精神追求，他们宁愿去做一些社会慈善事业，也不愿把过多的遗产传给子孙后代，不让孩子成为坐享其成的富翁，这不仅是为了教育和培养他们靠自己独立生活于社会，更重要是教育他们要为国家和他人着想，他们认为财富来源于社会，最后也要反馈给社会。因此，美国的年轻人对继承遗产也不是很感兴趣，根本不像其它国家那样尊崇世袭的爵位和财富，他们崇尚的是，白手起家实现自己的"创富之梦"，觉得这样的人生会更有意义。

"富不过三代"，一直以来成为高悬于家族企业头上的"达摩克利斯之剑"。中国的"富一代"们，如果希望孩子不仅能穿越过自己这堵墙，实现他们的人生价值，还要做一个有益于社会的人。不妨多借鉴一些这方面有成功经验的"先驱"们的做法，让孩子勇敢地走出"幸运精子俱乐部"。可以帮助孩子建立一个足以让他们追逐自己梦想的平台，但不能给他们留下安享清福的资本。这样，既能帮助孩子实现理想又能更好地传承财富，对后代和社会都有益。

第七章　财富得魔笛：永远属于能吹响它的人

　　财富魔笛的音调很简单，只有三个音符：创造，继承，毁灭。这三个音符虽然相连，却分别属于三代人。魔笛的第一个音符是艰涩的，第二个音符是悠美的，第三个音符则是断裂的。如何使这三个音符组成一篇华美的乐章，这是财富人需要掌握的一门艺术。所以，要使家族财富永续下去的最佳选择就是：让后人成为财富的种子。

——启示录

1. 到最需要你的地方去做义工

　　《创世纪》中有个传说告诉人类，第一次灾难是在"诺亚方舟"中躲过的：亚当和夏娃有很多子女，他们的后代遍布世界各地。自从该隐杀了弟弟亚伯之后，人类便揭开了互相残杀的序幕，并从此打上了原罪的烙印。为此，上帝非常后悔创造了人类，于是想将把罪恶的人类以及一切走兽昆虫和飞鸟尽皆毁灭，可他又舍不得他那些杰出的造物，两难中他选中了安守本分、劝人停止作恶的诺亚，希望诺亚和他的后人能为他建立一个理想的世界。接着，上帝以彩虹与诺亚立誓，令诺亚造一方舟，带着他的全家和上帝授意的蓄类躲过滔天洪水，其他生灵只能淹灭于洪水之中。诺亚领命后他的方舟便成了渡世的天艇，诺亚的后人——如今的人类能否让上帝满意，这只有上帝自己才知道。

　　或许漫长的历史早已使人类的基因遗忘了被洪水淹没的记忆，所以才放肆甚至是疯狂地忽视自然、挑战自然，以致近年来诸多意想不到的灾难从天而降，弄得人类措手不及愕然惶恐。不管人类有着多少劣根，人类本身还是善于自省和自救的，在灾难面前涌现出的一批批救灾志愿者的善行善举就是明证，他们的公民意识觉醒了，面对近年来中国灾情和中国志愿者的感人行动，美国《时代》周刊撰文说：中国民众对灾区井喷式的支持是一个启示……一种新的自我意识觉醒了，人们认识到了中国人的同情心和慷慨精神。

这种集体的觉悟，使整个中华民族渐渐意识到：奉献、友爱、互助、进步的志愿者精神，对于构建和谐社会是多么重要。志愿者犹如传播爱心和文明的使者，他们的能力虽不能像诺亚方舟那样渡世，但却唤醒了人们的良知，推动了社会的进步。诺亚方舟拯救的只是诺亚一家和有限的生灵，而志愿者帮助的却是众多的需要帮助的人类。

从中国高中生申请美国大学时报告以缺乏义务服务记录遭遇的尴尬来看，我们需要更新的是观念。这是要从青少年开始，就要培养这种"奉献自己的时间、不计报酬帮助别人"的意识，学校、家庭和社会教育都应使其成为一项重要内容。

上世纪90年代末，我曾在广东一家贵族学校工作。98年的暑假，广东儿童基金会与学校联合举办了"帮助广西百色地区贫困失学儿童复学"的活动。基金会负责人、报社记者与我们几位老师带着全校学生的捐款和十几个学生，冒着酷暑奔赴百色。虽然出发前强调过活动时间只有一周，行李尽量精简，但孩子们还是大包小包地带了很多衣物和食品。一路上，坐完火车坐汽车，还没到达目的地很多孩子就开始闹着要回家。到百色的当晚，下榻在一家当地比较好的酒店，可孩子们还是抱怨条件不好。第一件让带队老师头疼的事是，在车上遗落了好多东西，竟然找不到失主，孩子们谁都不承认丢失的东西是自己的，见此，我们只好帮他们收了起来。第二天，我们就在当地团地委的安排下，走访苗乡。这是真正的山区，很多苗民都习惯居住在山坡上。车是无法开进去的，有些地方我们几乎是连手带脚才能爬上去。由于缺乏这种生活体验，孩子们开初觉得住在山上很好玩，他们一路都在打闹。等到一进苗家，他们马上安静下来了，眼里充满了惶惑，他们不明白在当今社会还会有如此贫困的家庭。当一个孩子掏出钱包把自己的钱送给这家的一个老人后，其他孩子也纷纷解囊。当地干部和我们马上把孩子们召集到一个空地，对他们说：像这样的苗民有很多，我们来的目的是动员他们把子女送去上学，政府和我们带来的捐款会给他们经济上的帮助，大家手头的钱不必再捐。尽管如此，孩子们还是不断地掏出钱来送给一些他们认为需要帮助的人。走访的最后一天，孩子们已是个个囊中空空了。别无旁物，他们就把那些来时落在车上下没人认领的失物和自己的衣物拿出来送。当时那些受赠的苗民非常感动，孩子们也很激动，一个个含着热泪叮嘱苗家小伙伴们一定要回到学校，好好念书，有困难就联系他们。短短几天，孩子似乎一下子长大了许多，在百色走访的后面几天，没有一个孩子再挑剔饭菜，走访出发前，有的孩子还用喝完的矿泉水瓶在酒店装好开水，以便省下买饮料的钱来送给贫困的苗民。活动结束离开百色的时候，车里比来时空多了，大家都只剩下随身穿的衣物。而且回去时，孩子们也再不像来时那样抢位子了，他们主动把前面的位子让给那些晕车的同伴坐。

　　看到这些现象,我们心中暗暗高兴。大家都体会到,这类活动对孩子们的成长是极有帮助的。事实也真的如此,在此后的几年,很多参与了这次活动的孩子都与那些帮助过的伙伴建立了联系。他们的生活变得节俭多了,他们把积攒下来的钱陆续拿去帮助贫困地区的伙伴,对自己的学习环境也更加珍惜了。

　　到需要你的地方去做义工,通过各种生活的认知,理念的渗透和社会活动的真实感受,让志愿者的伦理意识逐步植根,最终养成一种自觉的慈善伦理观念,且将这种观念化成诚心诚意而非功利的伦理行为和习惯。就能时刻听从责任与使命的召唤,就能找到需要你帮助的地方和需要你帮助的人。

　　当你帮助了别人的时候,你本身又何尝不是一个受益者!凡帮助过别人的人都有一种感受:你每帮一次人,你的心灵就如经过一次洗礼;你的能力就得到了提升;你的人际关系就得到一次改善。在人与人之间相互理解,相互感动的同时,你的胸襟就更加开阔,你的精神就更加超脱,你的良知也更加纯净温软。特别是那些富二代们,与其无聊到去飙车、去斗富,不如去做各种义工,在实践中,认识自己的价值,获得社会的尊重。

　　12月5日,这个看似平常的日子,在一群可歌可泣的在商品经济年代里还拥有朴素灵魂的志愿者眼里却像是一个盛大的节日,因为这是属于他们自己的日子。联合国从1986年起,就颁定每年的 12 月 5 日为国际志愿者日（IVD），亦称"国际义工日"。

　　这个平凡的日子，感动了越来越多的人，也吸引了越来越多的人。如果你也被这个队伍所吸引，这将是件值得庆幸的事，因为你帮助了别人，同时也救赎了自己。你不必为选择做怎样的义工多费脑筋，你也无需去追求一种轰动效应，哪里需要你的帮助，就到哪里去。徐本禹感动了中国、德蕾莎修女感动了世界，他们就是以自己的生命去搀扶那些需要帮助的生命，以自己的心灵去抚慰那些受伤的心灵。

2. 说服一个老板接受你的方案

　　处于社会大分裂的春秋战国时期，出现了一种特有的"说客文化"现象。说客们有的是想通过游说踏上仕途从而实现自己的政治抱负；有的是奉君主之命，挽救国家于危亡之中；还有的则是直接说服自己的君主以国家为重，放弃自己的私欲。这些说客的知识都很渊博，所以对事物具有敏锐的洞察力，并且擅长说话技巧。

　　其中的《触詟说赵太后》，就是一个经典的成功说客案例。它说的是，公元前 265 年，赵惠王死后，赵孝成王年幼，赵太后执政。朝中虽有廉颇、蔺相如、平原君等人从旁辅佐，但国势已大不如前。而秦国看到赵国正在新旧交替之际，国内动荡不安，孝成王又年少无知，认为有机可乘，于是派兵攻打赵国，一举攻占了赵国的三座城池。赵国危在旦夕，太后不得不请求与赵国关系密切的齐国增援。齐王虽然答应出兵，条件却是赵国必须派太后的幼子长安君到齐国去作人质。大臣们极力劝谏，遭到赵太后愤怒的拒绝，各位大臣都不敢再提。形势危机，左师公触詟挺身而出。他先从自己的身体谈起，而后又关心赵太后的健康状态，气氛一下子得以缓和。接着他察言观色，避其锋芒，与赵太后叙起了家常，他把自己最疼爱的小儿子托付给赵太后，这一下就拉近了他们的距离，并引出男人和女人谁更爱孩子的讨论。触詟认为太后爱女儿燕后甚于儿子长安君，原因是燕后远嫁燕国，太后虽然伤心难舍，但却希望她不被赶回来，要一辈子扎根燕国，为燕王生儿育女，永续王位。触詟以这件事引导太后说："父母之爱子，则为之计深远。"他接下去又跟赵太后讨论起赵国和其他诸侯国的被封子孙，经过几代以后都后继无人的问题，最后总结说：原因就在于，他们当中祸患来得早的就会降临到自己头上，祸患来得晚的就降临到子孙头上。这难道是国君的子孙不好？不是的！关键是那些公子王孙身居高位而没有功勋，俸禄丰厚而没有劳绩，他们占有了太多的社会珍宝。赵太后听到这里，当然要为自己的后代担忧了。触詟接着说出自己的观点：现在您把长安君的地位提得很高，又封给他肥沃的土地，给他很多珍宝，却忽视了让他趁现在这个时机为国立功。一旦您百年之后，长安君凭什么在赵国站住脚呢？所以，触詟认为赵太后爱长安君不如爱燕后那样为他的长远做打算。触詟的循循善诱和恳切言辞终于打动了赵太后。于是，欣然让长安君去了齐国当人质，最终挽救了赵国。

这个故事在今天也给了我们很多警示：不管你是身居高位的要官还是富商巨贾，都应该教导自己的子女去为社会做贡献，决不能使子女安享由父母的权势、财富而得到的荣华富贵。让子女安富尊荣，坐享其成，其实是害了他们，没有为他们的长远做打算。这样不仅业无继者，就连已有的财富也将荡然无存。

时代发展到了今天，国家的命运已不是凭个人能力改变得了的。但说服别人的口才已成了一门技术，也是一门艺术，能干的企业家必须具备这门技术，并且需要懂得这门艺术。如果你有着强烈的创业欲望，不妨去说服一个老板接受你的方案，也许这样就能成就你缔造一个属于自己财富帝国的梦想。

假设有一个饱含慈善性的魔笛产品，你想说服一个有慈善之心、愿意为社会做功德的老板充满爱心地去做这个产品，那么你就必须制定一个可行性方案去打动他。

与其它方案不同的是，不能把获得直接利润作为首要目标。俗话说，商人的本质就是唯利是图，那么商人追求利润就是天经地义的。而魔笛产品却是一项充满爱心的产品，它主要的出发点还是锻炼儿童，回馈社会；但是，投资商可以通过这项活动提高企业声望并获得社会荣誉。

改革开放三十年来,不少成功老板的致富理念都已比较成熟,他们之中很多人都在寻找机会回馈社会。做一个既对社会有功德,又能产生经济效益的产品,当是不少成功者的选择。

自然,要使他接受你的方案,首先需要将方案做得尽量完善,不管他向你提出什么疑虑,都要胸有成竹地、以诚恳的态度、极富说服力和鼓动性的话语去激发他潜意识中的欲望,让他与你的想法产生共鸣。为了有力说服他,自己必须熟悉产品的一切流程,以一个专业人士的口气跟他介绍产品,你对产品了解得越多越深刻,讲得就会越生动越透彻。介绍产品的时候,词汇要简单、语句要简洁。开发魔笛产品的宗旨更要阐述得清晰明了,比方说,你这个产品主要是为了培育少年儿童的社会责任感和慈善之心,同时还可以满足他们小小的创业欲望、锻炼他们的销售能力,为今后进入经济领域打下厚实的基础。

然后你可以说,这将是一个市场开发潜力非常大的产品,中国有多少少年儿童,将来就有可能有多少个魔笛产品销售员。目前,中国少年儿童的课余时间基本被繁重的课业和各种专业培训(如画画、弹琴、舞蹈等)占满。像西方国家孩子那样打工、送报、推销各种产品赚钱的现象太少。零花钱主要由父母提供,这样就使得大多数孩子的财商没有机会得到开发,也找不到合适的机会去体验生活。魔笛产品正好可以弥补这种遗憾,为广大少年儿童提供一个能够锻炼自己,并展示自己能力的平台。

接着，你可以列出魔笛系列产品品种。例如主要有：饼干、饮料、文具等。价格也不要求太高，例如可在3—8元之间；并且指出该产品消费人群广，男女老少各个年龄阶层皆宜，而且属于易耗品，可以反复购买，因而销量一定会很大。

你还可以拟定，销售人员：主要是少年儿童。销售利润将分成三份：一份捐给慈善机构，一份回馈投资的父母，留下一份作为销售儿童的零花钱。

最后，你可以介绍成功案例。例如美国童子军今年诞辰一百周年了，为了筹措活动经费和捐献慈善机构，童子军们各自施展才能卖饼干，有很多总裁就是从小时候卖饼干开始得到锻炼的。这个案例足以说明，魔笛产品方案绝不至于影响孩子们的学业，而是让他们利用课余时间，既丰富了他们的生活，培养了他们的爱心，又锻炼了他们的营销创业能力。

也许，第一次推销你的方案会出现一些意想不到的问题，这没关系，千万不要气馁，只要坚持下去，相信总有一位慧眼识真金的老板会接受你的方案。

20世纪最伟大的成功学大师、美国现代成人教育之父——戴尔·卡耐基说过：如果在你一心向往的事上，尚未成功，千万不要放弃！成功者多半都有这个信念。要知道，挫折是难免的，重要的是怎么样去克服它。坚持并战胜挫折，世界就在你的脚下了。那些有着丰功伟业的人，多半是那些在看来毫无希望的处境下仍然努力不懈的人。

3. 做一件事让更多的人追随你

每次站在阳台享受阳光的时候，窗外的爬山虎就贴着玻璃跟我套近乎。我喜欢与它们默默交流，我问一根浅红的须："你娇嫩嫩的怎么能爬上十几米的高墙？"它舞动着纤细娇柔的身躯告诉我："别看我娇嫩，人们管我叫'爬山虎的脚'，我带着大伙贴着墙面一步一步往上爬。当然，我得感谢那些支撑着绿叶并为绿叶输送养分的叶脉。没有绿叶的追随，你的墙面哪有这么亮丽、壮观的绿色瀑布？"我隔窗抚摸着它，惊叹着灵动的物语给我的启示：原来，爬山虎能追求至高点，靠的是绿叶的追随和叶脉的支持。人不也一样吗？当你做着一件有价值事情的时候，自然会有很多人追随你。

人脉如叶脉，不是想要就能得到的。一个对自己没要求、对别人没担当的人肯定建立不起他的人脉关系。要想营造好你的人脉关系网，就得先塑造好自己：性格沉稳、处事胆大心细、待人大度诚信有担当。这样，在朋友圈中就会拥有良好的口碑和信誉，如果大家都认为你是一个真正能信赖、能做事的人，周围的资源也就会围绕着你建立起来。一个有所作为的人，他的为人处世往往赢在他的人脉和执行力上。

汶川大地震的消息传出后，唐山市的一个普通农民宋永志就给伙伴们发了一条信息：我先走了，你们随后就来吧。之后，全中国都知道，追随他而去汶川做志愿者的就远远不止唐山人了。

在人气最旺的十大商界人物中，李彦宏排在第一。1999年底，怀抱"科技改变人们生活"的梦想，李彦宏回国创办了百度。经过多年的努力，百度成了中国人最常用的中文网站，全球最大的中文搜索引擎。在李彦宏领导下，百度不仅拥有全球最优秀的搜索引擎技术团队，同时也拥有国内最优秀的管理团队、产品设计、开发和维护团队，百度人追随他通力维护着一个全球最大的中文网站。

当然，不是每个人都要去干一番轰轰烈烈的事业，任何一件让你心动的事，你都可以去实践。最主要的是要把握好底线和上线，底线是对得起自己的良心，上线是对社会有益，对朋友有利。

一位被女儿称作海盗伯伯的好友经常给我讲述他儿时的故事：海盗小时候生长在一个山区小镇，身边的小伙伴们个个精力充沛，帮父母干完活后，就聚到一起打架。海盗个头虽然不高，打架却很厉害，他凭的不是力气而是技巧，因此他成了伙伴们的头儿。后来，海盗觉得总带着大家打架没出息，而且经常遭到父母的责罚。一天，他随亲戚进城，看到了城里的孩子在业余时间那么投入地去打球，于是他找到了灵感。可是，在那个年代，想拥有一个篮球真不是一件容易的事，父母根本不可能给他们提供这笔经费。海盗苦思冥想，终于找到了一条途径。此后，他悄无声息地从打架人群中消失，一个人去挖沙赚钱了。不久，当他抱着一个篮球回到伙伴们身边后，大家再也不打架而是有了时间就去打球了。从此，海盗便确立了在伙伴中的领袖地位，至今还有很多人当然也包括我在内还在追随他。不同的是现在大家看上的已不是他的篮球，而是他的智慧和待人的忠厚。他是一位勤奋的多产作家，也是国内颇有影响力的禁毒专家。他不光对吸毒人群给予深切的同情，还通过三百多天与一个"毒女人"的"灵魂交锋"，起到了一个心理治疗师的作用。最让人感动的是，他将自己的邮箱和手机号都公布于众，于是很多吸毒者都愿意对他敞开心扉。

前些年高阳的《胡雪岩》很是火爆，一时间几乎成为商界投资经营的教科书。中国历史向来以成败论英雄，作为一个彻底失败了的商人，胡雪岩不仅没有被当做落水狗痛打，反而赢得了如此崇高的历史地位，凭的是什么？海盗为了让我解开这个疑惑，送了一套崭新的《胡雪岩》给我。细读之后才明白：原因就在于他在激烈的商业竞争中高举爱国、爱民的大旗，将商人之间的利益之战演绎成了一场弘扬民族正义的大潮。这就不难理解，历经一百多年后，人们为什么还如此推崇他！

从《胡雪岩》中，我还读出了四个字——"人脉关系"，用胡雪岩的话就是："花花轿子人抬人。"这句话是对人脉关系的最形象注释。

人脉是一个人通往财富和成功的门票。做一件事让更多的人追随你,这个过程也是构筑人脉关系的过程,这等于在发掘你成功的资源。有了这些,还能不成功吗?

4. 建立一个财富魔笛俱乐部

17世纪工业革命后,英国的新兴资产阶级不断冲击着贵族阶层,致使上层贵族崩解。一向养尊处优的贵族们无法忍受这种特权的旁落,便四处相邀集结资金,寻找合适的地点并专门请人打理一个可供王公贵族们聚会的场所——俱乐部。它的内部还设有书房、图书馆、茶室、餐厅和娱乐室。俱乐部除定期组织社交活动外,还向会员提供餐饮、银行保险、联谊和接洽等各项服务。后来在一些发达国家便相继出现了各种名目的俱乐部,随着经济的活跃、富人的涌现,近年来各种各类的俱乐部在中国也屡有出现。它们的作用都不外乎:社交、联谊、休闲。

前些年为了陪女儿读书,我曾在家乡休养生息过一段时间。那时,最富有的就是时间。看到很多人都喜欢鏖战在麻将桌上,我就组织周围的一帮同学成立了一个棋牌俱乐部,我们经常聚在一起聊天、喝茶、玩牌。这个俱乐部虽然没有为大家产生多大经济效益,但却聚集了一股强大的人气,这对俱乐部每个成员来说，都是一笔丰厚的资源。

其实，在我们每个人身边，都有用不完的资源。把身边的这些资源好好整合起来，有时会获得许多意想不到的收获。

如果说美国是实现梦想的天堂，那么好莱坞便是创造奇迹的圣地。好莱坞有句流行语：一个人能否成功，不在于你知道什么，而在于你认识谁。

我今天能走上文学这条路，就是因为我的一位朋友是作家，他的鼓励和帮助催生了我的第一部长篇小说《心债》。当我向他讲述在海南赶潮的那段经历时，他说这是个很好的小说题材，于是我便跃跃欲试地把那段经历写成了一个故事。如今回过头来看第一稿，简直粗糙得让人脸红，但他却煞有其事地把它拿去请一位旅美作家作序。幸亏我运气好，碰见的都是热心人。那位旅美作家竟然认真地给我作了一个文笔非常美妙的序，我看了那个序后，感动之余更加发奋。有这么热心的朋友扶持，我不把小说写好真会愧对他们。为了不给他们脸上抹黑，我几易其稿，终于出版了反响不错的《心债》。

从很多人的成长经历中都可以看出，许多宝贵的、对我们的事业起巨大作用的资源都来源于我们的生活，来源于我们的身边。但是，一般的朋友圈因为没有主题，精力容易分散，这样很容易被一些泡沫资源所累。找几个志趣相投的朋友成立一个俱乐部，它的主要作用是：联谊、交流、积储。推举俱乐部组织能力强的会员担任会长，制定一些有关章程，慢慢地每个俱乐部的成员都把各自身边的精英吸引过来。虽然每个人都有着不同的梦想，但大家都带有使命感，容易营造一种意气风发的气氛，这气氛能激起大家更高的斗志。

不要在意俱乐部的"硬件"有多牛，应把精力放在"软件"的配置上。俱乐部最关键的"软件"就是要确立一个主题，既然大家都是志趣相投的朋友，奋斗目标就比较一致了。如果将它定为"财富魔笛俱乐部"，那它的引领方向就是：号召俱乐部的会员们，努力创造财富，在实现自己人生价值的同时尽力回馈社会。

俱乐部的活动内容和作用，要根据不同的年龄阶段来划分：

从你走出校门，踏入社会的那一刻起，向你扑面而来的就是激烈的社会竞争。这时候特别需要各种社会资源的支持，财富魔笛俱乐部，更是一个非常有益的资源提供渠道。朋友们聚在一起可以互通信息，共同积聚能源，构建更广泛的人脉关系。或许你缺少的、还有你做不到的，正是你朋友的所长。

孟母三迁就是为了给孩子寻找一个好的环境，如今财富魔笛俱乐部聚集了这么多积极向上的朋友，你在里面自然会耳濡目染更上一层楼。

机会永远留给那些有准备的人，把魔笛当成财富魔笛俱乐部的集结号，把身边的各种人才资源召集起来，不仅营造了一个有助于你事业发展的正面磁场，还为今后创造财富帝国建立起一个起点加油站。

5. 去推销一个有慈善力的魔笛产品

"任何人都想在销售中取得成功,但却很少有人做到。这并不是说他们不能,而只是因为他们不知道如何去做。"畅销书作者杰弗里·吉特默的这个发现,启发他写下了一本风靡全球的《销售圣经》。

得到《销售圣经》的销售员们如获珍宝,但事实上并不是所有看过这本书的人销售业绩都提高得很快。相比销售过程中的其他因素,一个人的思维方式更能决定销售的结果。"如何把梳子卖给和尚"的测试就验证了这点。

"把梳子卖给和尚"是个很经典的营销案例,目前流行很多版本,我讲的是最新版:《销售圣经》刚一面世的时候,有个公司就组织销售员学习,学完之后公司进了大批梳子,让他们把这些梳子卖给和尚,并要求大家在卖梳子的实践中体会销售精髓。这可是道相当刁钻的题目,销售员们不禁面面相觑。把梳子卖给和尚,这不是找打吗?试想销售的首要法则就是找准客户需求,而光头和尚要梳子干嘛呢?大家一致认为这是公司故意为难他们,有些人甚至想到了辞职。就在大多数人一筹莫展的时候,销售员张一决定死马当做活马医,好歹也要进庙一趟。他十二分虔诚地先去烧香拜佛忙了一通，然后再去与和尚套近乎，当他拿出梳子来推销时，还是被和尚们打出门去。可直到他被赶出庙门还不甘心，这时，他一眼看见有个慈眉善目的老和尚在庙门外晒太阳，于是灵机一动，掏出梳子就给他搔起痒来。他一边搔一边跟和尚诉苦。和尚听了不忍，就买了他一把梳子，说是用梳子搔痒也可将就。尽管只卖出一把，张一也觉得自己成功了，确实比起其他连运气都不肯来碰的人，他岂不是个成功者。张一正要喜滋滋地离开时，同事马安来了，他把自己的遭遇讲了一遍后，接着劝马安跟他一起回公司去，省得挨揍。马安说，既然来了，还是进去烧柱香吧。他进庙后，吸取了张一的教训，没敢向和尚们胡乱推销，以免挨揍。他四处观察的时候，发现很多来进香的人头发都很蓬乱，于是灵感便来了。他直接去找了方丈。对方丈说，让人头发蓬乱地给菩萨进香，是对菩萨的不敬。他建议方丈安排一个盥洗间，备上几把梳子，让香客们梳洗得干干净净后才去拜佛。方丈高兴地接受了他的建议，并从他手里买下了10把梳子。马安顿时陶醉在自己的成功之中，并把自己的推销经过汇报给了培训主任，他的成绩得到了肯定。其他人立即如法炮制他的成功经验，一个个用马安的方法到别的庙里去推销。这时，只有兰君没有行动，他围绕着一个更大的策划在做准备。几天后，他找了个香火不是很旺的庙，对方丈说："方丈，您想让咱们的寺庙也像南山庙那样香火旺吗？"方丈说："当然想，只是每个庙的情况都不一样。"兰君笑了笑，对方丈说："我有一个办法可以让咱们寺庙的香火旺起来。"方丈忙说："施主，有好办法请快点讲。"兰君就说："咱们的寺庙虽然地处偏僻，但来这里进香的不乏富商高官，我给您准备了一批梳子，您的字好，请您亲自在梳子上分别刻上'智慧梳'和'功德梳'。香火钱上了一百的就送一把'功德梳'，一百以下的就送一把'智慧梳'。香客们得了庙里的赠物，上面还有您的亲笔题字，肯定高兴，带出去的梳子还可以给您做广告，如此一来，庙里的香火就会旺起来。"方丈一听主意不错，就定下了兰君的1000把梳子。

从这个案例中可以看出：销售首先要转变思维，眼光不能局限在直接客户身上，要善于挖掘潜在的销售力，同时围绕客户创造市场，这才是营销的最高境界。

难怪有些聪明的营销员能从古代哲人老子的"天下万物生于有，有生于无"中悟出：营销策划最高境界——无中生有，即用创造性思维实现有效营销。

创业不是一件容易的事，要想成功，必须经历一番艰苦的奋斗，尤其是做推销员，最能磨炼人的意志，并且可以学会很多鲜为人知的事理。许多如今已是功成名就的大企业家，起步都是从销售员做起，以致在李嘉诚的创业过程中，他最难忘的也是自己早年的推销生涯。

前面所说魔笛产品的魅力就在于，它是一个充满慈善力的爱心产品，销售人群主要是少年儿童，它不会像其它社会产品那样竞争激烈。即使有竞争也不意味着战争，而只是学习和准备，当然也包括有意识地锻炼自己那种竭尽全力的热情投入。

在认知了魔笛产品,并且决定加入销售这个产品行列之后,首先要克服的是自己的心理障碍。也许,这是你的第一份工作,打不开情面,腼腆害羞是情理之中的事。如果你认识到了这是一件充满阳光的事业,它不仅能锻炼你的能力,还能通过你的勤奋和努力赚取自己的零花钱,彻底改变以前只知道伸手向父母要钱的习惯,同时还可以用你所赚的三分之一去回报一直为你付出的父母,再用剩下的三分之一去帮助那些需要帮助的人,从小就能为社会做出贡献。有了这些,难道你能不充满自信和自豪吗?

但是,要想成就你的事业,光规划蓝图是不够的,很多具体的细节都要考虑周到。你需要准备一本笔记本,把必须做的准备工作一一列出,然后逐一去落实。比如:

○说服父母同意你的计划

也许,你家并不稀罕你去赚钱,但父母内心还是希望你能得到锻炼,他们的忧虑是,销售会占去一些时间,是否会影响你的课业?这时,你就不能光说空话做保证了,你得做出两个计划,一个是销售计划,一个是学习计划。销售是业余的,不能占去你的主要时间,而且要根据自己的能力定好销售任务。学习还是你目前的主要任务,为了抽出时间去做销售工作,你必须比平时要更加努力地去学习、做作业。只要你能把这两件事情安排好,不冲突,你的父母自然会支持你。

○销售资金

魔笛产品不是一个很大的投资,如果你的父母将你平时积攒的零花钱、压岁钱给你单独开了一个账号存在银行，那么你现在就可以取出一部分来作为周转资金。要是你还没有这个积蓄，可以与父母商量，请父母先为你垫付投资资金，说好以后如数或有利息地偿还。

○ **管理好你的财务，做好财务分配**

进入销售后，你的时间全被学习和销售占满了，可不管多忙，你都要习惯记账，把每一笔交易都记详细，而且还要记得结算。最好是一月一结，这样账目比较清楚。先把成本和利润分开，利润分成三份。一份随本金一起给父母，一份留给自己，一份送给指定的慈善机构。账目不清容易引起父母对你不信任，自己也没有那份成功的兴奋和体验，久之还会减弱你的工作热情。记住，整理账目是十分重要的。

○ **建立一个客户档案**

要知道你们现在的客户资源是有限的，如你不好好开发，机会就会被别人抢走。所以一定要把你身边的资源整合好，归类建档：亲戚、朋友、同学、邻居、还有其他。你的眼光不能局限在这些建了档的客户身上，要不断地去开发一些潜在的客户，也要学学"把梳子卖给和尚"里兰君的经验，围绕你的客户，去创造市场。最好还要记下客户的生日，在他们生日的那天送去美好的祝福，感谢他们对你的支持，这会给他们带来一种温馨的感动。

加入魔笛产品销售队伍之后，你就要开始对自己的言行举止以及着装加以注意了，友善、微笑、热情、积极、沉着、自信都会使销售变得更加容易。在同一个推销员群里，谁都更乐意接受那些衣着整洁、对人有礼貌的孩子。做一个讨人喜欢的孩子，你将成为一个优秀的魔笛产品推销员。

6. 每个人都能建立你的财富帝国

"人为财死，鸟为食亡。"最初是出现在《官场现形记》中的一句话，后来人们为这句话的褒贬一直争论不休。其实不管怎么论证，谁都否认不了的是：争夺食物，是低级动物的本能；追逐财富，则是人类的本能。人们受这种本能的驱使，每个人都会在心中植起一棵发财树。

我们无须去掩饰自己的财富欲望，人生的使命就是为了创造，财富创造是物化创造的最高体现，只要不是将自己创造的财富用于无度挥霍、享乐，而是用于财富的再创造和回馈社会、回馈人类，也就是为社会做了贡献。如果大多数人都富有了，贫富差距也就缩小了，社会也会因此变得更加和谐。

当然，很多人对财富的追求并不是最终目的，只是因为拥有了财富才能帮助自己实现更多的梦想。就如一只可爱的麋鹿悠悠走过你的身旁，谁见了它不想去造就一个美丽的神话？！

财富帝国的建立虽然不像追逐麋鹿那么浪漫，但也是由梦想开始的，而胸怀梦想不需要任何投资，它只是你内心激情与渴望的交集。我们要习惯于为自己设立目标，把心中的梦想设立成一个大目标，再将它分解为 N 个小目标，不要放弃，一个一个去实现，你伟大的梦想就能成真了。

如今有很多含着金钥匙出生的"富二代"，尤其是"富二代海归"们，因为父辈传统的产业与自己先进的管理理念和对新兴产业的创立不太合拍，他们就想越过父亲那堵给他依靠又让他个人发展受阻的厚实的墙，极力摆脱社会对"富二代"的不良印象，以构建一个独自的财富帝国来证明自己的实力，让自己成为"创二代"。

而真正能够毫无顾忌地跨越父亲那堵墙的，还是西方国家的富人后代比较常见。肯·费雪尽管有一个在华尔街备受尊崇的教父级投资大师的父亲——菲利浦·费雪，但他几乎从未在父亲的荫庇下生活，而成就却超越了他的父亲。肯·费雪直到大学毕业都还没找到生活目标，总是胡乱地找点糊口的工作，甚至还靠在酒吧弹吉他来赚取生活费。有段时间他甚至泡在图书馆里依靠查找资料来获取一些报酬，可他就在大量的阅读和观察中，发现了一个衡量股市投资的有效指标"市销率"，于是让他的生活出现了转机。他开始认真思索自己的长处和优势，认真规划自己的职业生涯。从一个人的企业开始，努力实现自己制定的每一个目标，直到创立了今天规模巨大、口碑良好的费雪投资公司，管理着 400 多亿美元的资产！不断的学习还给他提供了丰富的养分，作为《福布斯》杂志的专栏作家，一写就是二十多年。他从一个身无分文的兼职歌手，最终成为美国排名第271位的富豪，他不光从零开始白手起家为自己创造了一个财富帝国，如今还能为别人描画致富地图。

如果说肯·费雪的成功带着一种传奇色彩，那么美国人的偶像唐纳德·特朗普，就是美国式成功的典范了，人们问他为何那么富有？他回答：是我的行事方式成就了我。

几乎所有的成功者都拥有一些共同的特征：即行事态度、行动力、恒心和激情，再加上一些其他品质。我相信这些都是从成功者的经验里提炼出来的，不揣冒昧地说，我从我外甥钧的成长轨迹也欣喜地看出，他今日不算大的成功，也印证了这个道理。

二十多年前的一天，我陪年迈的爷爷、奶奶在阳台上晒太阳，奶奶一面心不在焉地"哼哈"着爷爷的话，一面以目光盯着楼下嬉闹的我的外甥和侄子们。突然，一辆熄火的摩托车怎么也发动不起来了，骑摩托的小伙子想要围在他身边看热闹的孩子们帮他推一推，孩子们却"哄"地一声跑散了，谁也不愿去干这苦力活。带着弟弟们在远处玩闹的大外甥钧是我们家孩子的头，只听他吆喝了一声，几个弟弟便迅速结束战斗屁颠屁颠地跟着他去推摩托车了。钧为了保护他们，先让几个弟弟分作两边，扶好摩托车，自己手推摩托车尾部，只听钧的口令一喊，几个弟弟便一起用力，于是留下一尾浓烟和扬起的灰尘，那摩托车便绝尘而去。几个傻孩子，丝毫没理会骑摩托小伙子的不告而别，竟然还为自己的胜利而欢呼，眼里露出的是对摩托车的无限向往。

我在阳台上看着他们，心里特别难受，对爷爷、奶奶说："我们家的孩子怎么比别人家的孩子更傻？"爷爷"嘿嘿"地笑着，仿佛正欣赏着孩子们在发扬他的基因。奶奶虽然已经语气不清了，但听了我的话却不赞同，说："他们是好孩子，不害人还乐意帮助别人。"接着奶奶似乎兴犹未尽，又提了提底气说："他们将来也会有车、有车的……"

八十年代的摩托车对普通百姓来说还真是稀罕之物，奶奶说不定，就真把它当车了，那概念与今天的皇冠和宝马绝对无二。我当时没有认真地去想奶奶的话，不知她说重孙们会有车是祝福还是预见？当我招呼那群脏猴回来洗脸洗手时，他们还在喜滋滋地谈论着他们今后的车。一时，我们几代人的奢望似乎都汇集在一个"车"字上。

二十多年过去了，爷爷、奶奶早已过世，如果他们地下有知，一定会为他们的重孙们感到欣慰。这些当年给别人推摩托的傻小子们，如今都已长大，并且真的能以宝马代步了。

要说这神话般的变化，还得从钧说起，1994年，钧工作的厂里效益滑坡，濒临倒闭，别人都在侥幸地祈祷工厂能起死回生，他却毅然辞职下海，去了深圳打工。当初那段打工生涯，说来真让人心酸，钧在一家台资企业负责销售电风扇。刚开始做销售员的时候，因为业务不熟打不开局面，他对人说话的声音，小得只有自己才能听见。同去的几个同伴都干不下去回家了，可钧还得坚持，因为他没有退路。一家人都在同一个工厂，工厂倒闭意味着全家都没了生路，自己又是家族中同辈的老大，他不仅要为自己找出路，还得带起后面的弟弟妹妹们，他只有背水一战了。或许，逆境更能锻炼人，钧就在这样的磨砺中成长为一位优秀的业务员。1995年，我出差广州，绕道深圳看他时，他对自己已经很有信心。他对我说，以后自己也要办一个工厂。我听了很高兴，但心里却想：能把这份工打好就不错了，办厂？那可是个太遥远的梦想。

钧出生在一个工人家庭，从小帮着父母做家务、带弟妹，吃了很多苦，经历过不少的磨难。这种锻炼反而使钧的管理能力、责任感都要强于他人。当然，最重要的还是他心中拥有着一个脱贫致富的宏大梦想。

阿水是个英俊、豪爽的新加坡年轻老板，曾毕业于美国马里兰大学。2000年，他来到深圳，与钧有过几次接触之后，两人便觉相见恨晚。 天，阿水约钧喝酒，酒过三巡之后，阿水说："你费那么大力气给别人赚钱，为什么不自己办企业？"钧笑笑说："我早有打算，过段时间再说。"阿水觉得钧的话既真诚又爽快，便接着说："不用再等了，我们合伙干吧！"于是，钧与阿水就合办了"永盛常电子（深圳）有限公司"。

十年来，由于钧胸怀大志，对经济发展的趋势看得准，对面临的机遇应变快，永盛常电子（深圳）有限公司已发展到产销两旺，成了深圳的名优企业。

十年来，钧在向着梦想奔跑的路上，从来都没有松懈过。不管工作多紧张，他都抽时间给自己充电，不断学习外语、经济学、企业管理、电子软件等，并已取得美国斯坦瑞大学MBA

工商管理硕士学位。不仅如此,他还到港、台、新加坡、印尼、美国等地考察,扩展了视野,也充实了阅历。就这样,他凭着自己的胆识和才干获得了深圳市"青年优秀企业家"的荣誉。

一个当年走投无路的打工者,历经十年就建造起了自己小小的"财富帝国",这是幸运?是奇迹?用唐纳德·特朗普的话来说应该是:成功人士中,很大一部分人的幸运,是靠自己创造的。用努力工作和智慧创造属于自己的运气。如果你努力工作,并且足够聪明的话,好运就会在你意想不到的时刻来临。熟悉钧的人都知道,是高远的志向和不懈的努力成就了他今天的初步成功!

我为钧而高兴,不光因为他成功了,还因为他用自己的努力引导着弟弟妹妹们个个自强不息地去追求自己的梦想。我所以不厌其烦地说了这些琐碎家事,绝无炫耀之意,只是想浅近地说明,只要心中有梦,并且为实现梦想而努力拼搏,那么即使是平庸之辈,心中的蓝图也会铸成宏伟的大厦。

日本著名跨国公司"松下电器"创始人松下幸之助是享誉全球的"企业经营之神",他给年轻人的忠告是:一个人没有目标,就会不思进取,自然也无法成功。如果能及时给自己树立一个目标,然后向着目标前进,这就是成功的秘诀!

谁都知道蜘蛛不会飞翔,但它照样能把精巧而规矩的网结在空中,那网八卦地张开,仿佛得到了神助。就是这神助般的杰作,它不光能为蜘蛛自己捕食,还能净化环境,平衡生态。

奇迹总是由执着者造就的,连这么弱小的昆虫都能创造自己的帝国,我们又有什么不能呢?照着成功者的秘诀去做,每个人都能建立你的财富帝国。

当我站在远处,遥望着你的财富帝国时,我仿佛听到了悦耳的魔笛声在你的财富帝国上空回旋……